THEATERBIBLIOTHEK

Das letzte Feuer. An dem Tag, als Rabe, der Fremde, in das heruntergekommene Viertel am Rande der Stadt kommt, geschieht dort ein Unfall. Ein Kind kommt ums Leben, und Rabe ist der einzige Zeuge. Aber etwas stimmt nicht mit ihm, und je mehr die Menschen seiner Umgebung versuchen, ihm nahe und seinem Geheimnis auf die Spur zu kommen, desto brüchiger und gefährdeter scheinen ihre eigenen Verhältnisse zu werden, desto zerstörerischer seine Anwesenheit und sein Einfluss – bis *Das letzte Feuer* nur noch Asche übrig lässt.
Das Stück ist die Tragödie von acht Individuen, aber die Hauptrolle spielt ein WIR, das kollektive Bewusstsein aller Beteiligten, und damit wird das Stück zu einem Befund dieser Gesellschaft am Anfang des 21. Jahrhunderts.

Land ohne Worte »beschreibt zerrissen, poetisch, verschlungen die Unmöglichkeit, nach der Erfahrung des Krieges eine adäquate künstlerische Ausdrucksform zu finden. Loher wählt dafür eine Metapher: sie beschreibt nicht das Verstummen einer Schriftstellerin, sie lässt eine Malerin deren Dilemma durchleben.« *Egbert Tholl, Süddeutsche Zeitung*
»Lohers Text ist ein eisig, gleichsam modern-antikes Höhlengleichnis über uns Wort-Bildermacher.« *Eberhard Rathgeb, Frankfurter Allgemeine Sonntagszeitung*

»Wer Dea Loher bloß eine politische Autorin oder eine Geschichts-Dramatikerin, eine Moralistin oder eine Tragikerin nennen wollte, würde sie auf bequeme Konfektionsgröße zurechtstutzen...Vermutlich wird sich die Theaterwelt irgendwann darauf einigen, das Werk Dea Lohers schlicht loheresk zu nennen.« *Uwe Wittstock in der Laudatio zum Bertolt-Brecht-Preis der Stadt Augsburg, 2006*

Dea Loher
Das letzte Feuer
Land ohne Worte

Zwei Stücke

Verlag der Autoren

Bibliografische Information der Deutschen Natonalbibliothek
Die Deutsche Nationalbibliothek verzeichnet diese Publikation in der Deutschen Nationalbibliografie; detaillierte bibliografische Daten sind im Internet über www.dnb.de abrufbar.

2. Auflage 2017

Verlag der Autoren GmbH & Co. KG
Taunusstraße 19, D-60329 Frankfurt am Main
Tel. 069 238574-20. Fax 069 24277644
E-Mail: theater@verlagderautoren.de
www.verlagderautoren.de

Satz: SVG, Satz- und Verlagsgesellschaft, Darmstadt
Druck: betz-druck GmbH, Darmstadt

ISBN 978-3-88661-308-3
Printed in Germany

INHALT

Das letzte Feuer

WIR

Susanne
Ludwig
Rosmarie
Edna
Karoline
Olaf
Peter
Rabe

und Edgar †

sowie
Würger Humboldt

Anmerkung:
Der Text von WIR soll nie chorisch gesprochen werden, sondern aufgeteilt in Einzelstimmen. Der Sprecher bzw. die Figur wird nicht immer benannt; wo die Zuordnung nicht aus dem Zusammenhang hervorgeht, ist sie der Regie überlassen.

Qiu Shihua, geboren 1940 in Sechuan; lebt und arbeitet in Shenzhen.

Empfange, wenn mein Leben vorüber ist,
Meine verzehrende Liebe für dich
Aus dem Rauch, der von meinem brennenden Körper aufsteigt.

Tsunetomo Yamamoto, Hagakure

1.

Am Mittag des neunzehnten August zweitausendund
Am hellichten Mittag des neunzehnten August zweitausendund
Es war der August vor
Es ist schon einige Jahre her
Fünf drei vier
Sieben
Ein Fremder
Am hellichten Mittag des soundsovielten August
Es war Hochsommer
Und das Licht
Das Licht in diesem August
War von einer blendenden Helle
Das Licht in diesem August
Ließ die Umrisse der Gegenstände Häuser Bäume Autos
Und selbst der Menschen
So klar hervortreten als wären sie ausgestochen
Mit einer heißen Form, die
Die Ränder glühen lässt
Jemand, der dir auf der Straße entgegenkam
In diesem Hochsommer
War von brennendem Licht umgeben
Und schien dabei zu schweben

Am hellichten Mittag des soundsovielten August vor wenigen Jahren
Betrat ein Fremder unser Viertel
Er war so fremd
Dass er sich nicht umsah
Und nicht nach rechts oder links blickte
Er ging die Straße hinunter
Mitten auf der Fahrbahn

Fahrbahn Piste
Bis zu Nellis Bar
Und anstatt hineinzugehen
Bleibt er davor stehen
Auf dem Trottoir
Wo ein Junge namens
Schweigen.
Wo der achtjährige
Pause. Ganz leise.
Edgar
Pause.
Wo ein achtjähriger Junge ratlos
Seinen Fußball betrachtet
Wie er nachgiebig zwischen seinen Händen liegt
Ist das Ventil undicht
Der Junge sieht den Fremden an
Der Fremde stellt seinen Seesack ab und nimmt den Ball, dreht ihn, begutachtet das Ventil
Mehr Worte brauchen die beiden nicht

Am hellichten Mittag des soundsovielten August vor wenigen Jahren
Die Straße ist aufgerissen worden, auf ganzer Breite, dann zugeschüttet
Aber nie geteert, Dreck Sand Kies, es stinkt nach Fäulnis Müll Fäkalien
Wie im ganzen Viertel
Ein vergessener Stadtteil, kurz vor Ödnis Brachland
Er wirbelt viel Staub auf
Mehr als sonst
Wie immer
Dicht hinterm Lenkrad
Nicht angeschnallt, fahrig, verkatert und Restkoks in der Blutumlaufbahn

Brettert er durch den aufstiebenden Sand
Er späht, sein Kopf der eines unruhigen Vogels
Durch die Windschutzscheibe
Staub und Sonne
Er gibt Gas

Am hellichten Mittag des soundsovielten August vor wenigen Jahren
Fährt Olaf der Vogel aus dem Koksofen mit einem gestohlenen Auto
Mit einem geliehenen, geliehen, nur ausgeliehen
Mit einem Auto, das nicht ihm gehörte
In einer jenseitigen Geschwindigkeit
Beinahe flog er
Vorbei an dem Fremden und dem Jungen
Die in einen Fußball vertieft
Vor Nellis Quelle stehen
Olaf der Koksvogel Rakete
Am hellichten Mittag erschrickt ein achtjähriger Junge darüber so sehr, dass

Am hellichten Mittag des August vor wenigen Jahren
Hat Edna die Verfolgung aufgenommen
Edna, gerade befördert
Jetzt Polizeihauptmeisterin
Im Dienst und im festen Glauben
Mann hast du ein Schwein Edna
Er ist es Das ist er Er ist es Ich fass es nich
Der Gesuchte Der Attentäter
Das Böse auf Rädern
Ich Edna Ganz alleine So ein Dusel
Meinst du wirklich Du schaffst das Edna
Hab ich eine Wahl
Den Mann alleine verfolgen

Darf Edna das
Natürlich nicht, aber Edna ist ehrgeizig
Und hat eine Scheißangst, die Hosen gestrichen voll
Wenn er mit seiner Autobombe
Wenn er die Ladung zündet
Also nix wie hinterher und auf keinen Fall abschütteln lassen
Es ist aber nicht der landesweit Gesuchte
Is kein Bomber
Is nur Olaf der Autodieb Koksvogel Rakete
Er sieht nur so aus, Olaf sieht nur so aus
Wie der Attentäter
Er sieht nur so aus, weil oben attentäterblond und unten attentäterschnell unterwegs
In seiner Kiste, die ihm nicht gehört
Die der Bombenkiste aufs Haar gleicht, die ihm auch nicht gehört
Nie gehört hat, nie gehört haben kann, Mann, haste gehört
Edna im Dienst Jetzt bloß den nicht aus den Augen verlieren Nicht die Nerven verlieren Nicht die Nerven Nicht aus den Augen Wenn die hochgeht Wo wo wo weia fährt Richtung weia Gleise Zug Bahnhof Hat im Licht dieses Augusts nichts anderes im Sinn als die flüchtende Gefahr und hält
Verbissen überrascht angstvoll
Daran fest, an der Koksrakete
Und jetzt
Wie Edna den Jungen in der Staubwolke sieht
Auftauchend als Schatten vor der Sonne
Direkt vor ihr
Da

Stoß
Gespürt

Still alles

Nur das Licht und der Motor
Lichtmotor
Lichtrotor
Licht rot
Licht
tot

Die Straße
Menschenleer
Die Hitze
Wir haben es nicht gesehen
Wir waren nicht zugegen
Aber es gibt ihn
Den einen
Augenzeugen

Am hellichten Mittag des neunzehnten August vor wenigen Jahren
Betrat ein Fremder das Viertel, das unseres hätte sein können
Hätte werden wollen
Er ging die Straße hinunter, über der Schulter einen Seesack
Bis zu Nellis Bar
Und nahm sich dort ein Zimmer
Ein Zimmer nach vorne

2.

Wir, die wir diese Geschichte erzählen
Uns gibt es womöglich gar nicht
Wir, als die Gemeinschaft, die wir vorgeben zu sein
Uns gibt es gar nicht
Wir, wir tragen nur diese Geschichte zusammen
Stück für Stück
Weil wir glauben, zusammen wüssten wir mehr
Als jeder allein
Wir, wir haben uns zusammengefunden
Zusammengerauft
Auf Zeit
Nur dafür
Zu diesem einen Zweck
Aber kennen wir uns
Werden wir uns danach besser kennen
Können wir uns verständigen
Das gelingt
Manchmal
Wir, kehren die Scherben auf
Und fügen sie zusammen
Ein zersprungenes Irgendetwas
In dem hie und da irgendetwas zu erkennen ist
Können wir uns verstehen
Verstehen
Davon war nie die Rede

3.

Hier sehen Sie
Die Eltern des getöteten Kindes
Die Eltern des verunglückten Kindes
Die Familie des Unglücks
Ludwig und Susanne Schraube
Und das ist die Mutter von Herrn Schraube
Schraube, Rosmarie
Verwitwet
Alzheimer im fortgeschrittenen Stadium
Lebt bei ihrem Sohn seit zwei drei
Und wird von der Schwiegertochter versorgt
Gepflegt
Betreut
Na was eben so anfällt
Was Alzheimer verlangt
Wird von Susanne erfüllt
Mit Fürsorge
Wir zeigen Ihnen nicht
Wie die Nachricht vom Tod ihres Kindes
Die Eltern erreicht
Kein Schrei
Kein Schock
Nix Hysterie

Frau Schraube wird von Susanne ausgezogen und in die Badewanne gesetzt.

Für Oma Schraube ist es am schlimmsten, weil
Die vergisst ja immer wieder, was passiert ist
Und erschrickt dann jedesmal neu
Jedesmal aufs Neue
Ein kleiner Tod

Das macht am Tag
Pause.
Ungefähr
Pause.
So sechs bis acht Mal sterben
Sei nich makaber
Wenns wahr is

Das Erstarren
Die Stille

Können sie sich nicht lange leisten
Rosmarie Schraube
Neigt zu Inkontinenz
Macht nachts ins Bett
Soll Frau Schraube liegen bleiben müssen
In ihrem Urin
Sie will keine Windel
So klar ist sie
Was soll die Gummihose Bin doch kein Baby
Stillstand ist da nicht angebracht
Die Familie des Unglücks
Muss in Bewegung bleiben
Das Unglück, nachdem es sich eingeschlichen hat in diese Familie
Wie Ungeziefer
Wie Schimmelpilz
Wie Gift in eine Speise
Will unschädlich gemacht
Will vernichtet, will ausgeräuchert
Will erkannt und erbrochen werden
Oder

Susanne wäscht ihre Schwiegermutter in der Wanne mit einem Schwamm. Langsam. Sehr liebevoll.

LUDWIG Das Klavier schweigt. Die Luft ist alt.

FRAU SCHRAUBE Wo ist denn das Edgarchen. Hat mich heute noch nicht besucht.

SUSANNE Das Edgarchen ist tot, Rosmarie.

FRAU SCHRAUBE Tot –. Seit wann denn. *Pause.* Das war aber doch noch ganz klein. Wieso ist das denn gestorben. *Versucht sich zu erinnern.* Wo ist. Wie alt ist. Welches Jahr haben wir. Welches Jahr –

SUSANNE Heb mal den Arm. – Hoch. *Zu Ludwig.* Wir haben immer die Fenster aufgemacht beim Üben. Die Töne brauchen Luft. Die Musik muss hinaus –

LUDWIG Haben sich die Nachbarn beschwert. Schon wieder.

SUSANNE Du glaubst, ich könnte alleine spielen. Allein und bei offenem Fenster. Das glaubst du –

LUDWIG Es fehlt mir, wenn ich dich nicht höre. Sonst hab ich dich auf der Treppe gehört. Schon unten auf der Straße hab ich dich gehört. Sogar schon an der Ecke am Ende der Straße hab ich dich gehört. *Schweigen.* Das fehlt mir.

Pause.

SUSANNE Das Holz hat Feuchtigkeit gezogen und ist morsch. Wir werden es verschenken. Ein Klavier, das nicht mal eine musikalische Hand reparieren kann.

LUDWIG Ich versteh ja nichts davon.

SUSANNE Außerdem. Deine Mutter soll keinen Zug erwischen. Ich sehe durch die Scheiben. Die Stille ist neu und soll auch Raum haben.

LUDWIG Es ist August. Man verbrennt von innen.

SUSANNE Vielleicht machen wir morgen die Fenster auf und lassen die Stille nach draußen. Was meinst du, Rosmarie –

FRAU SCHRAUBE Wo ist denn –
LUDWIG Der Edgar macht einen Schulausflug. Mit der ganzen Klasse.

Susanne sieht ihn erstaunt an.

FRAU SCHRAUBE Ach so. *Pause.* Und da bleiben sie über Nacht. *Pause.* Dann kommt er ja bald wieder.
LUDWIG Ja Mama, er kommt bald wieder.

Pause.

FRAU SCHRAUBE Wo sind sie denn hingefahren.

Pause. Ludwig macht Susanne ein Zeichen.

SUSANNE Ans Meer. Sie sind ans Wattenmeer. Ebbe und Flut. Das lernen sie grade, die Gezeiten. Wie man Dämme baut, wie man Salz gewinnt. Muscheln Schnecken Fische. Woher das Leben kommt. Wie sich die Dünung und der Strand verändern, jeden Tag. Warum das Meer immer mehr Land frisst. Wie man das Wasser wieder sauber kriegt. Nach einer Havarie.
FRAU SCHRAUBE Ah das Öl. Das Öl brennt in den Augen.

Susanne trocknet sie ab.

SUSANNE Hier sind deine Gedächtniszettel, Rosmarie. Ich leg sie neben die Wäsche.
ROSMARIE Jetzt nicht. Im Bett is gut liegen ohne Zettelkram.
SUSANNE Is für morgen früh. – Erinner mich dran, dich zu erinnern.
ROSMARIE Wenn ichs nicht vergesse.

Sie lachen. Rosmarie geht schlafen.

LUDWIG Du nimmst einen Gürtel. Deine Strümpfe rutschen. Du wäschst bei neunzig Grad, damit deine Kleider einlaufen. Du sollst essen.

SUSANNE Ich will nicht. Ich kann nicht. Ich will nichts mehr essen, was ein Herz hat.

LUDWIG *seufzt* Susanne –

SUSANNE Es muss weitergehen. Nicht wahr. Das Klavier muss gespielt werden. Das Brot muss geschnitten werden. Das Herz muss schlagen.

LUDWIG Dann eben Reis. Eier –

SUSANNE Der Tag muss anbrechen. Geld muss verdient werden. Das Herz muss schlagen.

LUDWIG Ich werde eine Liste machen. *Schweigen.* Ich wüsste gerne, was ich tun soll. Wie ich uns helfe. – Aber das kann mir niemand sagen.

SUSANNE Ideen wollen geboren werden. Das Herz muss schlagen.

LUDWIG Ein kleiner kantiger Kieselstein in einem Bachlauf; das bist du. Das Wasser wird Jahrtausende brauchen, um ihn rund zu schleifen.

SUSANNE Hast du von dem Mann gehört, der Zeuge war, wie Edgar in die Luft geschleudert wurde und liegen blieb auf der Straße. – Weißt du, was der getan hat –

LUDWIG Ja, natürlich. Jeder weiß das.

SUSANNE So. Jeder weiß das. *Pause.* Der spielt auch kein Klavier mehr.

Schweigen.

LUDWIG Ich versuche, die Tage nicht zu zählen. – Und weiterzugehen. Einfach weiterzugehen.

SUSANNE Ich hab die Scheine gefunden.

Sie greift in Ludwigs Aktentasche und lässt ein kleines Bündel Lottoscheine auf den Tisch regnen.

SUSANNE Hast du Zeit übrig und Geld. Hast du Gedanken übrig. Dafür.

LUDWIG Das tut doch niemandem weh.

SUSANNE Unser Kind ist tot. Die Blumen von der Messe nicht verwelkt. Die Asche warm. Und du spielst Lotto. Hast du ein Herz –

LUDWIG Es ist doch nur, weil –

SUSANNE Wenn du eine halbe Million gewinnst, eine ganze, fünf, zehn, bist du dann glücklich. Gehts dir dann gut. Wiegt das einen Tod auf. Oder was kostet das Vergessen. Wie teuer ist dein Gedächtnis. Wie hoch muss man dich bezahlen – damit du einwandfrei lachst, damit dein Herz leicht ist und hüpft, vor Freude –

Sie schlägt ihn.

LUDWIG Ich würde nie – Ich könnte niemals gewinnen –

Er schlägt sie.

SUSANNE Hast du nicht selbst gesehen, dass alles möglich ist, hast du es nicht grade selber erlebt –

Sie schlagen sich. Sie halten sich aneinander fest.

LUDWIG Ein Mann wie ich. Wie könnte der im Lotto gewinnen. Schicksal kann nicht sein. Es würde deinem Mann beweisen, dass es der Zufall ist, der bestimmt. Wenn der Zufall bestimmt, dann ist alles leichter. Wir können nichts dafür. Wir sind nicht schuldig.

Sie schlagen sich. Sie halten sich aneinander fest.

SUSANNE Im Gegenteil. Wenn mein Mann gewinnen würde, in der Lotterie gewinnen würde, muss es das Schicksal sein. Oder ein Gott. Der dich so grausam, der dich doppelt bestraft. Ein Haufen Gold, ein reicher Mann. Mit einem toten Kind. Die Willkür des alten Gottes. Kannst du dann wieder glauben. Kann ich dann wieder glauben –

LUDWIG An mich. Glaub an mich –

Sie schlagen sich. Sie halten sich aneinander fest.

SUSANNE Geh nicht weg. Geh nicht weg. Geh nicht fort. Bleib bei mir. Bleib bei mir.

4.

Dann haben wir den Namen des Fremden erfahren
Er hieß Rabe
Rabe wie noch
Meier Rabe Meier
Wie jetz, was is da Vor und was Nach
Rabe Vorname, Meier Familie

Dann hörten wir den Fremden
Wir hörten ihn, bevor wir seinen Namen
Oder etwas anderes
Von ihm wussten
Er hatte sich ein Zimmer genommen
Drei Minuten nach dem Unfall
Hatte er sich ein Zimmer genommen
Und war darin verschwunden
Und wir hörten ihn schreien
Er schrie den ganzen Nachmittag und den Abend
Er schrie die Nacht hindurch, und er schrie den folgenden Tag
Den Tag die Nacht den Tag
Schreien, was heißt das
Sein Schreien klang wie einer, der von sehr hoch stürzt
Von einem steilen Felsen vielleicht, von einem 42-stöckigen Hochhaus
Von einer Turmspitze oder aus einer Seilbahn
Und er muss den Sturz noch einmal erleben, kaum dass er vorbei ist
Wieder und wieder
Auf ewig dazu verurteilt zu fallen und zu fallen und zu fallen mit nicht endender Todesangst
Wir warteten
Rabe Meier schrie
Wir schickten nach der Ärztin

Sie ging hinauf und hinein und fand Rabe auf dem Bett sitzend
Das Bettlaken voller Blutflecke
Er hatte, während er schrie, seine Nägel gefeilt
Den Nachmittag die Nacht den Tag
Länger als vierundzwanzig Stunden
Er hat sie gefeilt mit einer Eisenfeile
Die Nägel waren zu Staub geworden
Kein Fleisch mehr an den Kuppen
Er hatte beides, Nägel und Fleisch, weggeraspelt bis auf die blanken Knochen
Sie verband ihm die Hände
Wickelte um jeden einzelnen Finger eine Mullbinde
Gab ihm ein Mittel für den Schlaf
Und eines gegen den Schmerz
Und dort sollte er bleiben
In dem engen Zimmer, dämmrig
Bei zugezogenen Vorhängen
Würde er sie jemals öffnen

5.

Edna, Karoline und Peter vor Olafs Zimmertür.
Karoline hatte eine beidseitige Brustamputation (Krebs) und trägt erkennbar keine Prothesen oder Implantate.

EDNA Wenn ich nur wüsste, wieso.

Pause.

PETER Ja Mann. Wieso.
EDNA Hätt er doch mal anhalten können.
PETER Klar Mann.
KAROLINE Bekokst mit zweihundert durch die Stadt. Und hinter dir n Bulle. Würd keiner bremsen.
EDNA Ich hab doch Sprengstoff verfolgt. Von dem wie heißt er Olaf wollt ich gar nix. Konnt ich nich wissen, dass er falsch is. Mann, ein Wort nur, eines. Mal bisschen das Maul aufkriegen –

Pause.

PETER Ja Mann, hörste. Wieso haste nich geredet. Is son Stummfisch. *Pause.* Alter Sack.

Schweigen. Peter kratzt sich in der Leistengegend und am Kopf.

PETER Ich glaub, er is nich da.
EDNA Und Sie sagen, is öfter schon mal vorgekommen, dass er sich Ihr Auto geliehen hat.
KAROLINE Geliehen, na ja.
PETER Ausgeliehen. Klar, Mann.

Pause.

KAROLINE Er hat es immer zurückgebracht.

EDNA Das is eine strafbare Gebrauchsanmaßung. Olaf –. Das is nich soo schlimm. Nich so schlimm wie Diebstahl.

KAROLINE Gott ist das schwül hier drin. Wär ich bloß nich mitgekommen.

PETER Heymann alter Sack Stummfisch hastn das getan. Wieso bloß. *Pause.* Er is nich da.

Schweigen.

KAROLINE Wenn ich gewusst hätte, dass er nich mal n Führerschein hat.

EDNA Nee oder.

PETER Wo hätten wir das Geld her. *Kratzt sich unter den Armen und am Kopf.*

EDNA Sie sind – Herr – verwandt –.

PETER Peter. – Wir vögeln. *Schweigen.* Er is schüchtern. Kommt Besuch, schickt er mich immer vor, Tee kochen und die Konversation machen.

EDNA Das is nich lustig, du Arsch. Die wollen ihn anklagen. Drogen, Autoklau – geschenkt; die greifen ihn wegen fahrlässiger Tötung. Weißt du, was das heißt. Weißt du, was das heißt.

PETER Halblang ja, nich er hat das Kind überfahren, nich er.

EDNA Nee, ich hab das Kind überfahren, sags mir nur richtig, genau, ich hab das Kind überfahren, weil dein Kerl n durchgeknallter Koksarsch is, der mit hundert durch die Stadt rauscht und nich weiß, wo die Bremse is und am Ende so kaputt is, dass er die Kiste gegen ne Scheißhauswand setzt – Aber ihn kriegen die dran, nich mich, weil er war der Auslöser. Wegen ihm seiner Raserei is der Junge erschrocken und über die Straße gerannt –
Zur Tür. Schuldhaft kausal vorhersehbar vermeidbar – so stehts in der Schrift; kapierst dus jetzt, du ausgebrannter Idi-

ot. Du gehst inn Knast ohne Bewährung, und ich krieg nich mehr wie ne Geldstrafe –

Laute Musik. Peter kratzt sich im Nacken und an den Armen.

PETER Bist du prima fein raus. Was willste.
EDNA *erschöpft* Wir sind beide schuld. Oder nicht. Da kann man sich wenigstens mal in die Augen sehen. *Zu Karoline.* So wie Sie und ich.
PETER Kann man, muss aber nich. Ich sag, er is nich da.
EDNA Und wer is da drin. Was macht Geräusche.
PETER Olaf, is der Hund bei dir. – Ob die Töle bei dir drin is. *Pause.* Nee, ich sag, is keiner da.

Edna und Karoline kratzen sich an den Beinen.

EDNA Ich wollte wissen, wie der aussieht. Gibts ihn überhaupt. Oder hab ich ihn nur geträumt.

Pause.

KAROLINE Der Olaf war früher mein Schüler. Der war nich immer so – verschlossen.
Pause.
Hier ist es so feucht, so heiß –. Seit er mit Ihnen zusammen ist, wird er immer hagerer. Geht er noch in den Club. Er war keiner von den Schlauen, aber ein guter Sportler, zäh. Zäh und –
Pause.
Mein Auto – seit vierzehn Jahren. Das Auto ist meine persönliche Verbindung ins Morgenland, mein fahrbarer west-östlicher Divan gewesen, ja wirklich; ich bin damit zum Bosporus gefahren und weiter, Adapazari, Ankara, Aksaray, Adana, Antalya. Da bin ich liegengeblieben. Die Vorderreifen sind von hier, die Hinterreifen stammen aus Asien, und jetzt ist es Schrott. Und ich wollte noch nach China.

EDNA Wenn wir das richtig drehen, kriegt er vielleicht Bewährung; das wär für mich auch leichter.

PETER Olaf, mach doch ma die Mucke leiser. Olaf, warst du heute schon mitm Hund.

Edna und Karoline kratzen sich an den Beinen. Sie gehen ein paar Schritte weg. Setzen sich. Die weißen Stühle sind schwarz. Peter kratzt sich an den Seiten.

PETER Er überwindet das nich. Er überwindets einfach nich. Geht nich mehr raus seitdem. Seit drei Tagen hab ich ihn überhaupt nich mehr gesehen. Nach dem Unfall kam er erst in der Nacht heim. Kratzer an der Hand und abgeschürft, hier ne kleine Platzwunde, und zugedröhnt, aber trotzdem hellwach, so kurz bevor du umkippst; wasn los, sag ich; hab eins umgebracht, sagt er; hab eins umgebracht –

Ich steck ihn unter die Dusche, eisig eisig eisig, und dann ins Bett. Am andern Tag geh ich Brot holen, wie ich zurückkomm, hat er sich eingeschlossen. Den Rest hab ich aus der Zeitung. *Pause.* Er wars doch gar nich – *Schreit Richtung Tür.* Ja, er is zuhause, aber nee, er is nich da –

KAROLINE Was ist das denn –

EDNA Was.

KAROLINE Was ist das denn. Omeingottomeingottomeingotto, achjeachjeachje, alles schwarz, alles schwarz und so lebendig –

PETER Das ist mir –, es tut mir leid –, einfach nich hinschauen –, die sind nich aufzuhalten, ich werd ihrer nich Herr, es werden immer mehr, die multiplizieren sich so rasend, das kommt vom Hund –

KAROLINE Der Stuhl lebt!

PETER Die kommen aus dem Boden, aus den Fugen, aus den Holzritzen, und desinfizieren macht sie total aggressiv, und renitent, die Biester, und jedesmal, wenn er unten is, schleppt er neue ein, aber die gehen nicht auf den Menschen, einfach nich hinschauen, die gehen nur auf den Hund, und seit Olaf mich nich mehr rein lässt, und er ist da drin mit dem Vieh, aber er wäscht den Hund auch nich, wirds immer schlimmer, ich hab mich ja schon gewöhnt, jeden Abend ganzen Körper mit Autan schrubben, für den Hund isses grausam, der macht sone Schlitze und sieht nur noch schwarz, und alles wuselt, is nur noch auf drei Beinen und das vierte is am Harken –

KAROLINE Alles voller –

EDNA Flöhe –

PETER Olaf Olaf –. Komm schon –. Lass wenigstens den Hund raus –. Lass mich doch mal putzen da drin –.

Laute Musik.

6.

Der Fremde wird vernommen
Er ist momentan ohne
Festen Wohnsitz
Woher er kommt
Er sagt Zurück auf keinen Fall
Kann ich nicht Kann ich nicht Darf ich nicht
Er zeigt eine Bescheinigung
Seine Hände zittern
Dienstuntauglich
Chronische Müdigkeit
Herzflimmern
Und die Augen versagen, manchmal, plötzlich, so dass er sich hinsetzen muss
Oder an einem Gegenstand festhalten, schwarz, betäubt, schwindelig
Ein Glas Wasser, eine Scheibe Brot, wie bei einem Unterzuckerten
Manchmal bricht er das Brot
Erererérbricht er das Brot
Mach Witze
Dann geht es wieder
Jetzt geht es wieder
Ja geht schon Geht schon Danke is gut jetz
Es tut uns leid, wenn wir Sie
Is gut jetz
Sollen wir ein andermal
Aber was haben Sie gesehen
Der genaue Ablauf
Wäre wichtig für uns
Auch um die Kollegin zu
Entlasten eventuell
Auskunft Ablaufsauskunft

Nur diese eine
Dann sind wir schon gleich

Ja
Sagt der Fremde
Ja Ja Ich habe alles gesehen
Ich war dabei Ja Ja Alles alles gesehen Alles

Aber was Was war da

Dann kippt er um Und schläft Scheinbar Anscheinend
Oder ist er
Bewusstlos
Erinnerungslos
Will die Erinnerung sich nicht erinnern lassen
Durch ihn
Und schickt einfach kurz ihre Gefährten Nacht Schlaf Traum
In den Rabekörper hinein
Und aus den mit Mull verbundenen Fingergliedern sehen sie das Blut heraustreten; die weißen Fingerspitzen werden rot, und es wächst ein Fünffingerstrom, ein Zehnfingerstrom, und aus dem Fingerdelta beginnt es auf den Fußboden zu tropfen, und was auf den Boden tropft, die einzelnen Rinnsale, fingern sich zueinander hin, sickern und laufen ineinander und so, während er schläft, findet sich der Fluss des Blutes auf dem Boden des fremden Hotelzimmers wieder, rot wie eine Fahne, rot wie eine Flamme

Er ist wohl nicht ganz richtig
Seit er da unten dabei war
Im Krieg
Im Krieg heißt immer da unten
Nie da oben oder da drüben
Immer da unten

Das hat ihn alles zu sehr mitgenommen
Zu viel Zu viel für einen wie ihn
Meine Güte Da ist unsereiner aber
Aus festerem
Oder
Holz geschnitzt
Oder nich

7.

KAROLINE Ich fahr so selten. Ich fahr eben zu selten. Bis ich es gemerkt hab. Der Tachostand ein anderer, Benzin fehlt.

LUDWIG Woher er den Schlüssel hatte.

KAROLINE Der hat schon n paar Karren geknackt, so is das nicht.

LUDWIG Was du dir gefallen lässt.

KAROLINE Wütend war ich. Denkt, mit mir kann ers machen. Wie früher in der Schule.

LUDWIG Ich sag dir immer, wehr dich. Offensiv, Karoline, offensiv.

KAROLINE Nachts war er auf Spritztour, morgens lege ich die Hand auf eine warme Motorhaube, das gibt mir einen Stich. Verstehst du das. Wie er sich anstrengt, wie er sich bemüht, damit ich nichts merke. Damit alles so aussieht, als wäre nie etwas passiert. Keine Kippe im Auto, keine Bierdose. Kein Haar.

LUDWIG Fehlt nur noch der Blumenstrauß. Als Dankeschön hinters Lenkrad gesteckt. Das wärs gewesen, oder. Das hätte dir gefallen. Da wär sie ganz geschmolzen. *Pause.* Dass du dich nie zur Wehr setzt. Immer allen alles recht machen. Alles geben wollen. Du würdest auch lächeln, wenn man dich – dir – .

KAROLINE Ja, er wollte mir nicht weh tun. Mich nicht enttäuschen. Er brachte das Auto vor Morgengrauen zurück, um mich zu schonen . – Und dann habe ich eines Tages den Zündschlüssel stecken lassen.

LUDWIG Statt ihn anzuzeigen. *Pause.* Würde mein Kind noch leben – . Wenn du –.

KAROLINE Wie hättest du mich denn gerne.

LUDWIG Du hättest einen Willen haben sollen.

Schweigen.

KAROLINE Ich habe den Zündschlüssel stecken lassen; und er brauchte das Licht nicht mehr zu fürchten. Er kam und ging wortlos. Unter meinen Augen. Manchmal sahen wir einander an, durchs Fenster.

LUDWIG Abstoßend. Abstoßend. Abstoßend. Immer dieses Gefügige.

KAROLINE Ein wenig hat er mich an dich erinnert. Heimliches Kommen und Gehen; die Furcht, beobachtet zu werden. Und dann einen Schlüssel haben, sich wortlos und schnell nehmen, was man braucht, und so tun, als sei es normal. So tun, als wäre das normal. So tun, als wäre das normal. So tun, als hätte man Gefühle dabei –

LUDWIG Du bist so eine Nutte.

KAROLINE Ah, Ludwig, für dich tu ich alles.

LUDWIG Wenn ich könnte, würde ich dich –

KAROLINE Tus doch. – Schlag zu. Wenn dich meine Gefügigkeit so abstößt; wie hättest du mich gerne.

Sie zieht sich aus bis auf den nackten Oberkörper. Man sieht die Narben der amputierten Brüste.

KAROLINE Tu ich dir leid.

Schweigen.

KAROLINE Tu ich dir leid.

Schweigen.

KAROLINE Fickst du mit mir, weil ich dir leid tue.

LUDWIG Nein. – Nein. Natürlich nicht.

KAROLINE Abstoßend. Aufregend. Ist es deswegen. Antworte. Wegen der jederzeit verfügbaren gutmütigen willenlosen Brustkrater. Macht dich das scharf, Sex mit Amputierten.

LUDWIG Nein. Natürlich nicht.

KAROLINE Mensch, bist du normal. Langweilst du dich nicht mit dir selber, so normal wie du bist.

Schweigen.

KAROLINE Stellst du dir vor, dass ich dich liebe.

Ludwig schüttelt den Kopf. Schweigen.

LUDWIG An dem Tag, an dem wir uns zum ersten Mal gesehen haben. Im Hochsommer vor acht Jahren, auf dem Schulhof. Ich hab auf Susanne gewartet, und du warst die Neue und kamst über den Hof gelaufen. Hab ich mich verliebt. Gibts nicht. Einfach so. Auf den ersten Blick. Kanns nicht geben. Ich hab es mir auszureden versucht. Oder mir einzureden, Einbildung, geht vorbei. Aber es ging nicht vorbei.

KAROLINE Du hast nichts gesagt.

LUDWIG Susanne war schwanger, und du mit diesem komischen –

KAROLINE Karl –

LUDWIG – zusammen. – Wie du krank geworden bist, stand ich oft vor der Klinik. Stunde um Stunde auf dem Parkplatz. Aber ich hatte nie den Mut, dich zu besuchen.

KAROLINE Warum nicht.

LUDWIG Warum nicht. *Pause. Lacht.* Ich glaube, ich habe mich geschämt. Ich habe mich meiner Liebe geschämt. Ich weiß nicht genau, warum. Susanne redete manchmal darüber, wie wir miteinander alt werden, unsere Enkel hüten, das ganze Zeug. *Lacht.* Ich schämte mich, weil es ein anderes Gefühl gab, das so viel stärker war; von dem ich nicht wusste, wo es mich hinführen würde. Ich schämte mich, dass ich nicht die Kraft hatte, mich dem auszusetzen. *Schweigen.* Es war normal. Das Leben mit Susanne. Normal. Also – gut.

Nichts Aufregendes daran. Nichts Verkehrtes. *Pause.* Es war sogar schön. Glaube ich. *Pause.* Ja. *Pause.* Wenn ich Susanne verlassen würde, dann würde mich dieses Gefühl für dich, so stark und mächtig und unkontrollierbar wie es ist, wegfegen, fortwirbeln, kaputtschleudern, wir würden zugrunde gefetzt werden. *Schweigen.*

Jetzt scheint alles anders. Jetzt, wo Edgar nicht mehr da ist. Was ist das. Ich weiß es nicht. *Pause.* Ich kann nicht herausfinden, wie das alles zusammenhängt, was Ursache und was Wirkung ist. *Pause.* Ich liebe dich, Karoline. Ich liebe dich. Und ich bin überzeugt, dass ich es nicht verdient habe. Ich habe nicht verdient, etwas so Bedingungsloses zu empfinden. *Pause.* Wie lächerlich ist das.

KAROLINE Du bist nicht der einzige, mit dem ich ins Bett gehe, Ludwig.

LUDWIG Als ob ich das nicht wüsste.

KAROLINE Mit mir wäre es nicht anders geworden. Du hättest ein normales Leben gegen das andere getauscht.

LUDWIG Vielleicht.

KAROLINE Ganz schönes Risiko. Sowas auszuprobieren. Nur mal so.

LUDWIG Ja.

KAROLINE Kann schlimm schief gehen.

Pause.

LUDWIG Das meine ich. Das meine ich mit gefügig. Wie du dich lustig machst über mich.

Pause.

KAROLINE Du traust dir so wenig zu.

LUDWIG Nee, du traust dir so wenig zu.

KAROLINE Nee, du traust mir so wenig zu.

LUDWIG Du mir auch.

Pause.

KAROLINE Kann sein.

Pause.

KAROLINE Du redest nur von dir. Ich lieb dich nicht.
LUDWIG Du traust dir zu wenig zu.
KAROLINE Kann sein. – *Zärtlich.* Du warst immer Pfeife, Ludwig. Geh nach Hause. Komm nie wieder.

8.

Vor Olafs Tür.

EDNA Sie werden sich vermutlich auch allmählich fragen
Wo ist Olaf
Ja, wo ist Olaf
Gibt es diesen Olaf überhaupt
Und - warum versteckt er sich
immer noch
Wieso traut er sich nich raus
Angeblich
lebt Olaf hinter dieser Tür
Ob Olaf noch lebt, sieht man
an dem Spalt hier unten
Manchmal fällt ein Lichtschein hier durch
Dann ist Olaf wach
und liest, hört Musik oder
denkt nach
Wenn Olaf Hunger hat
schiebt er einen Zettel durch den Spalt
mit einem Gerichtewunsch drauf
und Peter besorgt ihm dann was
und stellt es vor die Tür
Kommt aber nicht oft vor, das mit dem Zettel
Ich nenne den Spalt
die Hungerritze
Olaf wird immer dünner
Ob er ausgeht
Nie
Wie könnte auch so ein Strich, so ein Faden
auf die Straße gehen
würde ja vom ersten Passanten, der ausatmet
umgeblasen werden

Nein, Olaf verlässt sein Zimmer nicht mehr
Seit dem Unfall bleibt er im Verborgenen
Was macht er da drin
Was bloß macht er da drin
Manchmal, nachts, wenn er glaubt, niemand
wird ihn sehen und entdecken können
niemand ihn erkennen
Nein, nicht mal dann

Aber ich pass auf, ich behalt ihn im Auge
Ich versetz mich rein in ihn
darauf werden wir trainiert
sich in das Gegenüber versetzen
Ich stell mir vor, wie es in dem Olaf aussieht
In der Olafhaut, dem Olafkörper
Wie es ist, die Welt mit Olafaugen zu sehen
weiß ich schon ganz gut
Wir sehen beide
den wahren Attentäter
da draußen herumlaufen
Aber was plant er als Nächstes
Was plant er

Vielleicht wird Olaf irgendwann
so dünn
so immateriell lichtstrahldünn
dass er einfach mit dem Licht unter seiner Ritze hindurch
verschwindet
entschwindet
verleuchtet
und weg

Ein Schein ein Schimmer
eine Flamme
die es für kurz gegeben hat
in unseren Leben

9.

Karoline gibt eine Bestellung auf und erhält prompt ein Paket
Dessen Inhalt sie entschlossen anprobiert
Als handele es sich um eine Medizin, die eingenommen
werden muss
Sie sieht sich an, sie erschrickt, sie bekommt Angst
Aber sie will einen neuen Anfang versuchen
Sie wird eine andere werden, keine Zeit zu verlieren
Am nächsten Tag geht sie
Den Fremden besuchen, Bar mit Pension, erster Stock
Und als ihr geöffnet wird
Hat sie das nicht erwartet, was sie erwartet
Rabes Zimmer ist hell, die Vorhänge zurückgezogen
Licht weitet den Raum, und Rabe ist angezogen und
Gewaschen und riecht gut und man könnte denken
Alles sei normal, wenn nicht
Die Verbände an seinen zehn Fingern wären
Und die dunklen Flecke auf dem Boden
Und die Medikamentenfläschchen auf der Kommode

KAROLINE Ich bin die Frau mit dem Auto. Mein Auto wurde geklaut und zu Schrott gefahren. Mein Auto, hinter dem die Polizei her war, aus Versehen.

RABE Na zum Glück war es nicht Ihr Kind.

KAROLINE So war das nicht gemeint. Ich wollte mich – entschuldigen.

RABE Bei mir.

KAROLINE Ja, auch. Denn ohne meine Unachtsamkeit meinem Auto gegenüber wäre das alles nicht passiert. Vielleicht.

RABE Vielleicht.

Schweigen. Karoline geht ans Fenster.

KAROLINE Die Straße wurde aufgerissen vor über einem Jahr. Neue Rohre sollten verlegt werden. Dann machte die Tiefbaufirma Pleite. Und nichts wurde repariert. Nichts ausgewechselt. Nichts erneuert. Die Rohre rotten vor sich hin; die Straße wieder zugeschüttet. Geteert ist sie bis heute nicht. *Pause.* In Wahrheit sind wir hier denen vollkommen egal. Ein Glasscherbenviertel ohne Zukunft. Menschen ohne Wert. Kinder ohne Namen. *Pause.* Es heißt, Sie waren im Krieg.

Schweigen.

RABE Ja. War ich.
KAROLINE Wo waren Sie denn.

Schweigen.

RABE *macht eine vage Handbewegung.*

Pause.

KAROLINE Ich hab Ihnen was mitgebracht. *Sie packt ein Bild aus. Nicht groß, 50x50.* Wenns Ihnen nicht gefällt, dann verbrennen Sie es.

Rabe nimmt es vorsichtig mit seinen verbundenen Händen, betrachtet es. Hält es an die Wand. Eine gemalte rote Fläche.

RABE Das mit dem Nageleinschlagen, das wird schwierig. Darf ich das in einer Pension.
KAROLINE Fragen Sie die Wirtin.

Es klopft. Hammer und Nägel werden durch die Tür gereicht.

Rabe lässt es sich nicht nehmen, den Nagel eigenhändig einzuschlagen und das Bild aufzuhängen.
Danach kann er endlich eine Zigarette rauchen. Sie betrachten das Bild eine Weile meditierend.

RABE Sieht schön aus.
KAROLINE Ja.

Pause.

KAROLINE Sie mögen es.
RABE Ja. *Pause.* Ich werde es nicht verbrennen.

Pause.

KAROLINE Es gefällt Ihnen wirklich.
RABE Ja.
KAROLINE Es heißt »Das letzte Feuer«. *Pause.* Danach fängt alles neu an.

Pause.

RABE Is trotzdem schön.

Pause.

KAROLINE Ich habe ein Ziel. Fast Nichts zu malen. Eine beinahe unsichtbare Landschaft, in die der Betrachter verschwinden kann. Wenn er sich weit genug hineintraut. *Schweigen.* Im Grunde das reine Licht.

Pause.

RABE Verstehe.

Schweigen.

KAROLINE *räuspert sich* Bin noch nicht ganz so weit.

Pause.

RABE Kann man davon leben.
KAROLINE Vom Malen. Nee. Mein Geld verdiene ich in der Reinigung. Ich entferne Flecke. Vier Tage die Woche. Das bringt mich unter Leute. Freitag muss ich nicht. Und wenn mal ein Kleidungsstück nicht abgeholt wird, dann darf ich es mit nach Hause nehmen. Kommt nicht so häufig vor.

Schweigen. Karoline geht ans Fenster.

KAROLINE Die Straße wurde aufgerissen vor über einem Jahr. *Pause.* Und nichts wurde repariert. Nichts ausgewechselt. Nichts erneuert. *Pause.* Wissen Sie, dass dort drüben die Mutter von dem Jungen wohnt, genau gegenüber –
RABE Wie heißt sie.
KAROLINE Susanne. Susanne Schraube. – Man kann in die Fenster ihrer Wohnung sehen.
RABE Ja.
KAROLINE Sogar ins Schlafzimmer.
RABE Da sind die Vorhänge immer zu.
KAROLINE Kann man gar nichts erkennen.
RABE Schatten, Schatten sind zu sehen, wenn das Licht brennt.
KAROLINE Die arme Susanne muss die Mutter von ihrem Mann pflegen. Alzheimer. – Dafür hat sie sogar ihren Job aufgegeben.
RABE Was hat sie denn gearbeitet, vorher.
KAROLINE Sie war Musiklehrerin. In der Hauptschule, wo auch Edgar hinging.

RABE Sie ist sehr schön.

KAROLINE *leise, erstaunt* Schön – Susanne –

RABE Sie badet ihre Schwiegermutter jeden Tag. Sie weint manchmal, wenn sie allein ist. Sie spricht wenig. Hin und wieder klappt sie den Deckel des Pianos auf und spielt, aber ihre Finger berühren nur die Tasten, sie schlägt sie nicht an ...

KAROLINE Ja, sie mögen keine Musik in dem Haus. Es gibt dauernd Beschwerden über zu laute Radios, tobende Kinder. – Dabei sind die Fenster zum Hof zerbrochen, und Schwärme von Fliegen im Treppenhaus; neulich hat einer Feuer gelegt in einem abgestellten Kinderwagen unter der Treppe – das Haus verfällt wie die meisten hier, und sie streiten sich wegen Lärm.

RABE Nein nein. Das Klavier ist verstimmt. Deswegen spielt sie nicht. Wegen der falschen Töne.

KAROLINE Ach so. *Schweigen.* Ahja. *Schweigen.* Und das alles können Sie von hier aus erkennen. *Pause.* Ihr Mann heißt übrigens Ludwig.

RABE Susanne und Ludwig.

KAROLINE Ja. Seit neun Jahren verheiratet. *Pause.* Glücklich.

RABE Woher wissen Sie das.

KAROLINE Er ist ein sehr netter Mann. Man kann ihm nicht helfen. *Pause.* Er bewundert meine Brüste. Die sind künstlich. Amputiert. Krebs. Ich probier jetzt neue Formen aus. Spitz, kegelförmig, ballonrund, halbrund, es gibt auch die Senk-, Flach- und Steilbrüste. Kubische, konische, Röhren- und Höckerbrüste. Schmalwinklig und weitwinklig. Und das alles gibt es auch in asymmetrisch. Er ist Fetischist. Herr Schraube, der Kunstbrustfetischist. –

RABE Wenn Sie das über ihn wissen, kennen Sie ihn ziemlich gut.

KAROLINE Ludwig Schraube, müssen Sie sich vorstellen, ist

ein Mann, der Lotto spielt, um nicht zu gewinnen. So ein Mensch ist das.

RABE Wenn Sie das über ihn wissen, kennen Sie ihn ziemlich gut.

KAROLINE Das sind nur Geschichten. Geschichten aus der Reinigung. – Es gibt die Münzautomatenleute und die Reinigungsleute. Noch bringen Schraubes die schwierigen Teile in die Reinigung. Da schauen sie nicht auf den Pfennig.

Schweigen.

KAROLINE Ich habe mit ihr zusammen unterrichtet, früher, in der Schule. Ich war die Kunsterzieherin. Eine miserable Lehrerin wie ich eine miserable Malerin bin, aber für die Kinder reichts; ist auch eine miserable Schule. Und dann wurde ich krank und behandelt; die kahle Karoline, die kahle Karoline haben sie mich genannt. Manchmal musste ich aus dem Klassenzimmer laufen, um zu kotzen, und einmal habe ich es nicht mehr geschafft und hab vor die Tafel gekotzt, Gestank Säure Fäulnis; die Schüler haben bezeugt, ich sei sturzbesoffen gewesen, vielleicht, um mir zu helfen, vielleicht, um mir eins auszuwischen, wer weiß das. Besoffen, das kommt vor und ist weniger schlimm als Krebs, oder. Aber von da an hieß es, meine Krankheit sei für die Kinder eine Zumutung, und ich müsse weg, und dann musste ich eben weg, dann musste ich weg, ich musste weg –

Schweigen. Rabe berührt sie vorsichtig mit einer Hand.

KAROLINE Ja, ich war sehr krank und musste operiert werden, mehrmals, und behandelt und wieder operiert und – bitte, fassen Sie mich nicht an, fassen Sie mich nicht an – *Rabe versucht sie vorsichtig mit beiden Händen zu beruhigen* – ich bin nicht schön, ich bin doch nicht schön, niemand kann mich ansehen, nicht mal durch einen Vorhang –

RABE Doch. Ich sehe dich an, ich sehe dich an.

Schweigen.

RABE Außen fehlen paar Teile, aber innen bist du ganz.
KAROLINE Besser als umgekehrt.
RABE Ich hab das vermisst. Dass was fehlt.
KAROLINE Sie versprechen dir, dass man nichts merkt. Sie versprechen dir »einen harmonischen Übergang zum Dekolleté« und ein »natürliches Bewegungsverhalten«. Das heißt, es wippt alles ganz normal. Scheiß drauf. Weißt du, es gibt diese seriösen Geschäfte. Eben, für Frauen wie ich eine war, rentenversicherte Lehrerinnen. Medizinbedarf. Orthopädie-Technik. Das klingt, als wäre man kriegsversehrt. Entschuldigung.
RABE Ich hab das vermisst. Das Versehrte.
KAROLINE Scheiß drauf. Und es gibt die Läden: Make your Boobs come true. Für Frauen, die nie so waren wie ich und nie so sein wollen wie ich war; für Frauen, die Bomben sein wollen, und für Männer, die Bomben sein wollen und sich Bomben umschnallen, um außen zu zeigen, was sie innen fühlen. Ich habe beschlossen, eine Bombe zu sein. Zu zeigen, was ich nicht habe, und den Ersatz anzupreisen. Besser als das Original. Kommt alles in die Auslage.
RABE Es ist schön, so wie es ist.

Schweigen.

KAROLINE Fühlen Sie etwas in Ihren Händen außer Schmerz –
RABE *schüttelt den Kopf* Aber ich fühle etwas *mit* ihnen – Fühlst du etwas –
KAROLINE Nicht wirklich.

Er berührt sie, betastet sie, streichelt sie.

KAROLINE Wollen Sie sehen, was nicht mehr da ist –
RABE *schüttelt den Kopf.*
KAROLINE Entschuldige. Manche Männer wollen das. Ich habe nur noch mit Männern zu tun, die – die sie sehen wollen.
RABE Ich weiß.
KAROLINE Die Brüste, die nicht mehr da sind. *Versucht zu lachen.*
RABE Ich weiß.
KAROLINE *Schweigen.* Aber du hast bestimmt Schlimmeres gesehen.
RABE Das hab ich vermisst.

Er küsst und streichelt ihr Gesicht.
Sie will sich ausziehen.

RABE Nein. Bleib so. Bleib so. Verzeih mir.

Sie behalten die Kleider an, schlafen miteinander.

10.

Eine nicht identifizierbare Gestalt geht über die Bühne. Womöglich leicht verwirrt, womöglich in bedenklichem Zustand, vielleicht auch nur mit sich selbst beschäftigt. Wir halten inne in dem, was wir gerade tun, einer nach dem anderen. Wir sehen der Gestalt nach, bevor der erste von uns begreift.

Das war der Olaf!

Das war der Olaf!

11.

PETER Der Mann, der Vater, der arbeitet in der Liegenschaftsverwaltung Nord. Angestellter. Da hat man keine Träume. Ich weiß das, ich war dort selber mal beschäftigt, Portier, bis die mich entlassen haben, üble Geschichte. Von daher kenne ich den Mann. Herrn Schraube. Nur vom Sehen, Morgen wie gehts, heute kaum Post für Sie, aber warten schon drei Besucher undsoweiter..... *Kratzt sich.*
Ich versuch seitdem, wieder Arbeit zu finden. Aber ich habe kein Glück. Der Peter ohne Glück. Kein Glück, dafür viel Zeit. Gehe ich stundenlang mit unserem Hund spazieren. Der Olaf kommt ja nicht mehr mit. So ne Dogge. *Zeigt Höhe.* Voll friedlich, aber sieht bös aus. Blutunterlaufene Augen, solche Hängelefzen, schüttelt die zweimal hin und her, schon haste n Liter Verdauungssäfte anner Klamotte. *Pause.* Aber trau dich mal ran, und kraul ihn hinterm Ohr, hier mag ers besonders gern, *zeigt es* – und, was glaubste, machter –, legt sein Schädel an deine Brust, grunzt, schläft ein und beschnarcht dich. Ich sag immer, er is ne Nutte. Und sieht bös aus. Gefährlich, so als ob er leicht auf den Mann geht, fleischfressend und nicht aus der Dose, und son Tier muss natürlich bewegt werden.
Und wen seh ich seit kurzem auf meinen Spaziergängen – Herrn Schraube. Auch er im Wald. Wie er da hin kommt, tagsüber, wo er im Büro sein sollte – keine Ahnung. Was er da macht – keine Ahnung. Bäume streicheln, inneren Frieden finden, *zuckt die Achseln* – ich weiß es nicht.
Liegenschaft Nord – gehört der Forst auch dazu; wird was neu vermessen, Bestand überprüft, ich weiß es nicht.
Er steht da auch nur so rum. Pilze gibts ja noch nicht. Also – is ein Rätsel. Muss aber nix bedeuten.
Schweigen. Kratzt sich.
Ich hab das nicht – ich hab das nicht in der Hand, wies wei-

tergehen soll mit uns. Der Olaf - dreht voll ab. Hat jetzt Tatsache ne Anklage gekriegt wegen dem ganzen Scheiß, fahrlässige Tötung und so, das macht den Jungen total kaputt. Man muss ihm doch ne Chance geben. Der war sowas von begabt. Ich red schon in der Vergangenheit –
Ehrlich gesagt. *Pause.* Ich versteh ihn. Ich versteh den Mann. Ich meine, wenn ich mich frage, warum geh ich in den Wald –
Also nich wegen dem Hund.

Geht ab. Kommt wieder.

Heißt übrigens Humboldt.
Zuckt die Achseln.
War nich meine Idee.

Geht ab. Kommt wieder.

Ich weiß schon, was Sie meinen. Traut man uns nich zu, oder. Also mir nich. Is aber nich, was Sie denken. Is nich wegen der Bildung. Is wegen Humboldthain. Kennense Humboldthain. Da steht der Bunker. Zweiter Weltkrieg. Hamse nachm Krieg nich geschafft zu sprengen. Is jetzt n Kletterfelsen. Steht da, macht ne freie Wand auf, glatt, zwanzig Meter hoch, mit Überhängen, da macht mein Freund sein Freeclimbing. Trainiert richtig hart, fünf mal die Woche. Hat er trainiert. Der Olaf.
Is eigentlich sein Hund, vom Olaf.
Humboldt rufen heißt Hallo Kletterwand, ich komme; hallo Training, ich komme; hallo Selbstdisziplin, hier bin ich. Also früher war das mal so.
Pause. Weint.
Der wollte draus n Beruf machen, aus dem Klettern. Is schon n Vogel.
Schweigen.

Jetz is nix mehr mit Freeclimbing. War paar Mal schlimm abgestürzt. Das is nich meine Schuld. Ich hab gleich gesagt, Olaf, high im Kopp, an der Steilwand flopp. Na, auf Koks denkste, du kannst alles und du bist ne Fliege und bleibst kleben an der Wand. Aber die Wand sieht das nich so.

Aber ich hab keine Arbeit, und klar häng ich rum und da fing Olaf an, mir Gesellschaft zu leisten. Das geht so, ohne dass des merkst.

Jetz is eh vorbei. Alles auf Entzug, weil wir haben keinen Pfennig Geld, Schulden bis hier. Kohle is alle, Koks is alle, und was nu.

Kratzt sich.

Das ganze Bare geht fürn Hund drauf. Obwohl ich schon schnorren geh, der kriegt das Abgelaufene vom Supermarkt. Ich sag natürlich nich, dass es fürn Hund is. Is für die Obdachlosentafel.

Die Flöhe, diese Flohpest, das hört nich auf. Alles schwarz, die Bettwäsche, die Laken, die kommen aus den Holzdielen, zwischen den Bohlen. Ich schlaf seit paar Tagen in der Badewanne, da kann ich sie von Zeit zu Zeit in Abfluss spülen. – Solang wirs Wasser noch bezahlen können.

Pause.

Ich hab wahnsinnige Angst.

Wahnsinnige Angst.

Dass er Blödsinn macht. Großen Blödsinn macht.

Pause.

Der Olaf hat nix gelernt. Nich mal Portier, so wie ich.

Pause.

Ach was.

Kann ja nur aufwärts gehen.

Wir warten halt.

12.

Also geht Karoline
Ein paar Tage später
Zu Susannes Haus
Und klingelt an der Tür
Und als Susanne öffnet
Sagt Karoline nichts weiter
Das einzige, was sie tut
Sie dreht sich halb um, streckt ihren Arm aus
Und zeigt auf Rabes Fenster, schräg gegenüber
Auf der anderen Straßenseite, deutlich erkennbar
Susannes Blick folgt dem ausgestreckten Arm
So stehen sie, kleine Sekunden
Weiter geschieht nichts an diesem Tag

Auch an den folgenden geschieht nicht viel außer
Dass Susannes Augen das Fenster des Fremden suchen
In manchen Momenten der Unruhe
Oder der Angst
Der Unruhe und der Angst
Ja
Und bisweilen sieht sie dann Rabes Silhouette
Sich hastig abwenden
Halb verborgen hinter dem Vorhang
Wenn er denkt, Susanne müsste ihn entdeckt haben
Wie er rücksichtslos, gierig und ohne Scham
In ihr Fenster sieht
Und das hat sie
Sie hat Rabes Geheimnis entdeckt
Oder den Teil davon, der an sie gewandt ist

Rabe fühlt sich bloßgestellt
Gedemütigt, er hat sich selbst gedemütigt

Jetzt wird sie über ihn lachen
Kann es schlimmer kommen
Soll er sich noch tiefer schämen müssen
Noch erniedrigter fühlen

Er schließt die Vorhänge
Verkriecht sich
Zurück ins Dunkel
Legt sich unter die Decke
Mit der Decke unters Bett
Die Luft in seinem Zimmer steht
Dreckvondreck
Scheißevonscheiße
Nichtsvonnichts
Albtraumeinesversagers
Unnützesstückfleisch
Wertloseslebenverschleudertezeit
Gottesgrößteschandezertretensolltemandich
Verfaulensollstduwürmerfraß
Staubstaubstaub
Erdeerdeerde
Zerfallenzerfallenzerfallen
Staubstaubstaub
Windblasesfort

13.

Frau Schraube läuft die Straße auf und ab. Allein.

FRAU SCHRAUBE Die Katze ging
frühmorgens aus dem Haus
und abends war sie tot

Man fährt drüber weg
man sieht dran vorbei
der Fleck auf der Straße bleibt rot

Rabe hört sie verloren vor sich hin singen, zieht daraufhin langsam die Vorhänge auf, beobachtet Frau Schraube eine Weile, öffnet das Fenster. Frau Schraube sieht ihn. Stille.

FRAU SCHRAUBE Worin besteht die Freude.

RABE Welche –.

FRAU SCHRAUBE War das hier –. Ist das der Fleck –. *Pause.* Den Augenblick genießen, in der Gegenwart leben, Scheiß auf den Blödsinn Blödsinn Blödsinn, darin besteht die Freude nicht. Was hab ich von dem Moment, wenn ich mich morgen nicht an ihn erinnern kann. Freude – dazu brauch ich Vergangenheit. Und die fällt mir nicht mehr ein. Ohne Gedächtnis bist du weniger als ein Tier. Bist du weniger als ein Tier –

RABE Ich bin ein Gefangener; ein Gefangener wie Sie.

FRAU SCHRAUBE Beweisen Sie es.

RABE Man fährt drüber weg
man sieht dran vorbei
der Fleck auf der Straße bleibt rot

Als der Tag anfing
waren wir drei
als der Tag aus war
lebten noch zwei

Wir kündigten uns durch ein Summen an
Wir wollten Rosmarie nicht erschrecken
Wir wollten sie nach Hause geleiten
Wir kamen die Straße herunter geschlendert
Und auch wir begannen zu singen

Wir haben ihn nicht gesehen
Wir waren nicht zugegen
Der Tod war schneller als das Leben

FRAU SCHRAUBE Wie glücklich wir früher waren!
Wie glücklich wir waren!
Stellt euch vor, wir waren so glücklich!
Erinnert ihr euch, erinnert ihr euch nicht,
wie glücklich wir waren –

RABE *sanft* Gehen Sie nach Hause, Frau Schraube; gehen Sie nach Hause und nehmen Sie ein Bad.

FRAU SCHRAUBE Das Wasser ist eiskalt. Es gibt keinen Strom.

RABE Es ist kein Krieg hier, Rosmarie.

Wir haben ihn nicht gesehen
Wir waren nicht zugegen
Der Tod war schneller als das Leben

Ich lass dich nie mehr fort
Ich lass dich nie allein
Wenn der Tod dich holt
Sollst du bei mir sein

FRAU SCHRAUBE *überlegt* Is kein Krieg? *Überlegt angestrengt.* Is schon vorbei, gell –

RABE Ja, der Krieg ist vorbei.

Wir summen weiter, während
Frau Schraube in ihre Wohnung findet
Und Rabe das Fenster schließt
Und dann sehen wir Susanne, die
Ihrerseits hinter der Fensterscheibe auf die Straße blickt
Auf ihre Schwiegermutter wartet
Der sie ein Bad bereiten wird
Und sie sieht zu Rabe hinüber und will ihm ein Zeichen geben
Und hebt die Hand, hebt sie, ohne zu winken
Rabe erschrickt, tritt einen Schritt zurück, aber
Dann besinnt er sich und hebt ebenfalls eine Hand
Und beide legen ihre Hand fast gleichzeitig gegen die Scheibe
Und
Wir tun so, als ob wir nichts bemerkten
Und
Zaghaft lächeln sie
Einander zu

14.

SUSANNE Ich hatte nicht den Mut, Sie früher zu besuchen.

Stille.

RABE Jetzt sind Sie da.
SUSANNE Und ich dachte – Sie würden noch weniger den Mut finden, mich zu besuchen.
RABE Jetzt sind Sie da.
SUSANNE *gleichzeitig* Deshalb bin ich hier.

Sie lachen. Schweigen.

SUSANNE *deutet auf seine Hände* Warum haben Sie das getan. Warum haben Sie sich das angetan.

Schweigen.

SUSANNE Genau das wollte ich auf keinen Fall sagen. *Pause.* Entschuldigung. Ich wollte Sie nicht so überfallen.

Schweigen.

SUSANNE Warum haben Sie das getan. Warum haben Sie sich das angetan.
RABE *schüttelt den Kopf* Ich weiß es nicht. Ich weiß es nicht.
SUSANNE Sie haben es gesehen. Sie haben alles gesehen. Sie waren dabei.

Schweigen.

RABE Ja. Ich hab es gesehen. *Pause.* Ich bin nicht gut mit Reden –

SUSANNE Ich weiß, dass Sie im Krieg waren. Jeder hier weiß das. Jetzt sind Sie hier, mit nur einem Koffer. Und sitzen im Dunkeln. – Ich werde Sie nicht hinaus zerren, ich ganz bestimmt nicht. *Pause.* Es genügt, dass ich – Mit wem sonst. Ich weiß nicht, mit wem sonst.
Schweigen.
Jedesmal, wenn ich den Namen des Kindes ausspreche, ist es –. Ich spreche den Namen des Kindes nicht mehr aus. – Jedesmal, wenn ich den Namen des Mannes ausspreche, meines Mannes, ist es – als ob ich das Kind mit nenne. Das Kind, jedesmal aufs Neue beschworen durch den Namen dessen, der es mit ins Leben gerufen hat. Jedesmal wieder ins Leben gerufen. Obwohl es doch endlich ruhen können möchte. *Pause.* Ich wecke es nicht mehr auf. – Bleib schlafen. –
Ich lerne zu schweigen.

Pause.

RABE Die Wörter – die Worte – das ist außen. Woher kann ich wissen – was der andere versteht. – Da sind meine Eindrücke, und Gedanken, und Erinnerungen, und – die Gefühle. Aber welche Wörter gehören zu diesen Gefühlen. – Ich weiß nicht mehr, manchmal, wie das alles zusammenpasst. Wo die Wörter zu Worten werden, und mit mir übereinstimmen, wo gehört was hin.

Schweigen.

SUSANNE Es muss doch eine Verbindung geben, zum Draußen.

Sie berührt seine Hände.

RABE Ich spüre nichts. – Aber ich will nicht leben wie ein Stummer. Das kann ich noch sagen. Ich will nicht leben wie ein Krüppel. Ohne Sprache. Vielleicht bin ich einer, aber ich will es nicht –. Ja, es muss irgendwo eine Verbindung geben – zwischen mir und draußen. Die Wörter, so abstrakt, ich kann die Wörter einfach nicht fühlen.

Pause.

SUSANNE Am Anfang hatte ich einen Plan. Ich wollte ein Jahr warten. Ein Jahr oder länger, bis ihr mich vergessen haben würdet. Bis ihr denken würdet, mein Schmerz sei so weit hinabgesunken auf den Grund meines Herzens, dass er, selbst wenn er sich bewegte, nur noch als die Erinnerung einer Bewegung spürbar sein würde, nicht mehr als die Bewegung selber.
Und dann, wenn ich so kühl geworden wäre. Dann, wenn ich seinen Namen nennen könnte und sähe meine Hände nicht mehr zittern, dann würde ich Rache nehmen. Ich wollte jeden bestrafen, der beteiligt war an seinem Tod. Schuld, davon rede ich nicht. Schuld ist mir egal. Jeder, der Teil hatte.
Schweigen.
Ich wollte, dass etwas euer Leben verändern sollte, das Leben jedes einzelnen, auf eine unwiderrufliche Art, so wie mein Leben unwiderruflich ein anderes war nach jenem Tag, nach jener Stunde. Es brauchte nichts Großes zu sein, aber eine Narbe sollte bleiben; eine Erinnerung, die sich wütend bemerkbar macht, die nie Ruhe geben wird. Jeden Mittag, wenn die Uhr zwölf schlägt. Jedesmal, wenn ein Motor anspringt. Jedesmal, wenn du Post aus dem Briefkasten holst; über einen Zebrastreifen gehst; die Farbe Gelb siehst. Jedesmal, wenn du das Wort »Fußball« liest. Dann tut sie dir weh.

Ich wollte mich in die fremden Leben schmuggeln, wie Farbe unter einen Fingernagel gerät. Schnell, unbemerkt, hartnäckig.
Pause.
Und dann gab es einen Zeugen.
Pause.
Einen, der zugesehen hat. Einen, der nichts verhindert hat. Und der sich deshalb selbst seine Strafe gab.
Pause.
Und da wusste ich nicht mehr weiter.

Schweigen. Rabe betrachtet seine Hände.

SUSANNE Du warst ein Licht. Für mich.

Schweigen.

RABE Neineinein. Bin ich nicht bin ich nicht. Ich will das nicht. Diese Art von – Fürsorge. Verständnis –. Neineineineinein. Will ich nicht will ich nicht will ich nicht.

Pause.

SUSANNE Ich hab keine Vorstellung von dir.
RABE Ich bin weggegangen. Meine Frau habe ich zurückgelassen. Ich hab sie verlassen. Obwohl sie sich mir ganz zugewendet hat. Obwohl sie bereit war, alles zu hören. Oder auch zu schweigen. Was ich brauche, das hätte sie ermöglicht. Das dachte sie. Das wollte sie.
Pause.
Aber ich bin kein Krüppel. Bin kein Opfer.

Pause.

SUSANNE Alles was ich weiß, ist, ich habe kein Verständnis mehr. Hab ich nicht hab ich nicht hab ich nicht.

Lächeln.

SUSANNE Und dadurch, ohne Verständnis, wird alles Unmögliche plötzlich möglich. Verstehen Sie –
RABE Nein.

Lächeln.

SUSANNE Wissen Sie, was das heißt, »unglücklich« –
RABE *überlegt* Unglücklich –
SUSANNE Ich habe mich gefragt, ob ich unglücklich bin, jetzt. Geworden bin. »Sei nicht unglücklich, Susanne.« Sagt meine Schwiegermutter. Jeden Tag. Sie vergisst, wie oft sie es sagt. Ich konnte ja nicht anders. Ich musste sie zu mir nehmen. *Pause.* Ich werde werden wie meine Schwiegermutter, und dann, später irgendwann, wird einer kommen und meinen Kopf unter Wasser halten. *Lacht. Pause.* Nein. Um unglücklich zu sein, fehlt mir das Verständnis.
RABE Unglück –
Ich glaube, Unglück – das ist ein Wort für Verbrecher.
SUSANNE Ist Gott also ein Verbrecher? Oder warum ist mein Junge tot. War es ein Versehen. Hat der Himmel sich geirrt. Lebt mein Kind weiter, nur nicht hier – und wenn ja, wo ist »nicht hier«. *Pause.* Ist sein Tod vernünftig, weil er wirklich ist. *Pause.* Oder ist alles scheißegal, und wir reden uns nur gern ein, dass wir den geheimen Sinn nicht verstehen –
RABE Sinn – gibts nich gibts nich gibts nich –
SUSANNE Was wissen wir denn schon, wir, bisschen bessere Insekten.
RABE Trotzdem, grade weil wirs nicht verstehen, kann es nicht egal sein.

Schweigen.

SUSANNE Soll ich also sagen, gut, dann nimm ihn, *sehr leise, zärtlich* Edgar. Nimm, was mir das Liebste ist. Das Wertvollste. Und lass mich allein übrig. Ich bin nur Abfall, und mein Schmerz ist nur Abfall, mein Schmerz ist Abfall, der für nichts zählt, Abfall, der für nichts zählt –

RABE Aber dieser Haufen Abfall hier, dieser Haufen Abfall Fleisch Gedärme Knochen Blut, der ich bin, der ist wirklich – hörst du. Der kann zählen, für dich, er soll zählen, für dich. *Pause.* Ich bin hier. Ich bin wirklich.

Sie küssen sich. Sehr vorsichtig.

15.

Eine nicht identifizierbare Gestalt geht über die Bühne. Womöglich leicht verwirrt, womöglich in bedenklichem Zustand, vielleicht auch nur mit sich selbst beschäftigt. Wir halten inne in dem, was wir gerade tun, einer nach dem anderen. Wir sehen der Gestalt nach, bevor der erste von uns begreift.

Das war der Olaf!

Das war der Olaf!

16.

Vor Olafs Tür.

PETER Olaf – komm raus! Ich hab Neuigkeiten!
Stell dir vor, Olaf – wir haben Arbeit.
Arbeit, ja wirklich, und die wird sogar bezahlt. Richtig Geld.
Also eigentlich nich wir, der Hund.
Humboldt hat Arbeit gefunden.
Bin ich mit ihm spazieren, im Wald, kommt uns ein Typ entgegen, der beobachtet uns ne Weile, mir is schon ganz mulmig, kommt er her und sagt: Is der gefährlich.
Ich, auf der Hut, sage: Sieht bös aus. Oder.
Humboldt stellt sich prompt hin vor den Kerl, frontal, Lefzen hochgezogen, knurrt ihn an, so von unten nach oben, praktisch kurz vorm Absprung. – Ich denk, hoffentlich kommt der Idiot nich auf die Idee, den Humboldt zu streicheln, weil sonst hat er gleich die Zunge im Gesicht und der Hund sitzt auf seinem Schoß.
Aber nee, macht er nich, gehtn Schritt zurück und sagt, Respekt. Und Humboldt setzt sich auf sein Hintern und grinst.
Kratzt sich.
Jedenfalls stellt sich raus, is der Besitzer hier von der Porzellanfabrik und er sucht einen Nachtwächter. Nehmse mich, sag ich. Nee, n Hund, als Nachtwächter. Begleitung vom Securitymann. Einen, der bös aussieht und was hermacht.
Und Humboldt hat den Job!
Mensch Olaf, unser Hund geht arbeiten. Bringt richtig Kohle nach Hause.
Schweigen.
Schieb wenigstens nen Zettel durch die Ritze.
Pause.
Was machst du bloß da drin –

17.

Karolines Busen ist größer geworden.

EDNA Hab schon davon gehört.
KAROLINE Und.
EDNA Kann ich mal fühlen.
KAROLINE Klar kannste.
EDNA B - B - Beeindruckend.
KAROLINE Brauchst nicht gleich zu stottern deswegen. Kannst ruhig nochmal. Hab n Haufen Geld angefasst dafür.
EDNA Übertreibst dus nicht n bisschen.
KAROLINE Nee. Die billigen kriegen Risse oder schubbern dir die Haut auf, Ausschlag, Kunststoffallergie, Wundsein kriegste dann umsonst dazu, nee, muss nich sein.
EDNA Ich mein die Größe. Ziemlich üppig.
KAROLINE Is noch mehr drin. Muss mich nur langsam ans Gewicht gewöhnen. Geht ganz schön ins Kreuz. Zum Glück lieg ich nachts.
EDNA Machst du sie nicht ab.
KAROLINE Woher. Will ich echt aussehen oder nicht.
EDNA Nachts.
KAROLINE Klar nachts. Wann denn sonst.
EDNA Verstehe verstehe.

Pause.

EDNA Edna versetzt sich manchmal in Karoline hinein. Wie sie die Welt sieht. Das is schwierig. Wenn man Profiler werden will, hat mans immer mit Verbrechern zu tun. Aber Frau ohne Brüste.
KAROLINE Edna lacht nicht über mich. Nie. Ich glaube, sie hat keinen Begriff von Schönheit. Das mag ich an ihr.
EDNA Mir macht das Spaß, mich in andere Menschen hinein-

zuversetzen. Das Edna-Ich fließt langsam in eine fremde Wesensumgebung hinein, und nichts ist mehr wie sonst. Ich fühle wie jemand ganz anderer. Ich denke wie jemand ganz anderer. Ich bin jemand ganz anderer. – Aber ich muss noch mehr trainieren. Ich habe das Ziel noch nicht erreicht, noch nicht.

KAROLINE Was wäre denn das Ziel.

Pause.

KAROLINE Hallo, huhu, Edna – du bists. *Pause.* Das Ziel.

EDNA Den Attentäter – den Attentäter zu fassen. Den Attentäter zu fassen, bevor er wieder zuschlägt. Edna verhindert es.

KAROLINE Das ist doch kein Einzeltäter, lebende Bomben, davon gibts viele.

EDNA Ich bin auch keine Einzeledna, ich bin auch viele.

KAROLINE Edna, komm zu dir!

EDNA Ich bin schon da, Edna ist überall, ruf nochmal, gleich wimmelt es hier nur so.

KAROLINE Können wir dir irgendwie helfen, Edna, sag Bescheid.

EDNA Wir müssen die Augen offen halten. Wachsam, bitte, aufpassen aufpassen. Am 4. September drei Tote, am 18. waren es zwei, und in der U-Bahn am 30. gab es fünf Verletzte. Der Anschlag vor drei Tagen –

KAROLINE Der war fünfhundert Kilometer von hier. Im Süden.

EDNA Inzwischen kann er längst zurück sein. Hier im Viertel wird er sich besonders sicher fühlen, weil er hier schon mal verfolgt worden ist.

KAROLINE Wir warten immer noch auf die Prozesseröffnung. Olaf weiß nicht, was er zu erwarten hat. Eine Geldstrafe, eine Haftstrafe, das Warten ist schon eine Strafe. Der wahre Attentäter –

EDNA Der sucht sich in aller Ruhe das nächste Ziel aus, in aller Ruhe. Weil ich versagt habe, ich. Wenn die nächste Bombe hochgeht, wenn er sich in die Luft sprengt mit siebzehn Leuten, die zufällig in seiner Nähe rumstehen, da heißt es doch im Himmel: Edna hat wieder nicht aufgepasst. – Sie hatte eine Chance, sie hats versaut. – An allem bin ich schuld. Ich bin sogar an der Zukunft schuld.

KAROLINE Das Dumme ist, der echte Attentäter – wir kennen ihn nicht. Jeder kann es sein. Sie, Sie oder ich oder du da. Oder Edna.

EDNA Ja, ich bins, ich bin der Attentäter, ich verfolge mich die ganze Zeit selbst –

KAROLINE Ich nehme zur Beruhigung ihre beiden Hände in meine und sage – Edna, jetzt bitte einmal Handauflegen. Dann lege ich Ednas Hände auf meine Brüste auf – vielleicht wirkt das beruhigend.

EDNA Den Kopf bitte auch. Vielleicht wirkt das noch beruhigender.

KAROLINE Ich atme minutenlang wellenförmig ein und aus, das gibt ein sanftes Brustschaukeln. Ein Brustbeben.

EDNA Kannste auch wippen.

KAROLINE Mal sehen.

18.

LUDWIG Ich habe die Lottoscheine ausgefüllt und bezahlt. Ich habe die Spielquittungen aber nie behalten. Die Spielquittungen habe ich auf dem Weg zur Arbeit in einen Mülleimer geworfen. Immer derselbe Mülleimer neben der Bank rechts vom Parkeingang. Immer derselbe. Ich habe sie oben auf den anderen Müll geworfen, achtlos, nicht zu auffällig, auch nicht zu nachlässig. Jeder andere konnte sie ohne weiteres herausfischen und aufbewahren. Jeder andere konnte erkennen, dass es ein System gab hinter dem Weggeworfenen; jeden Morgen nach einer Ziehung, und zwar ziemlich genau um 7.30, liegt die Quittung von der neuen bevorstehenden Ziehung im Mülleimer rechts vom Parkeingang. Mal von Kippen, Laub, Coladosen bedeckt, mal vom Wind fort auf die Wiese getragen. Das entzieht sich meinem Einfluss und dem des Finders. Aber ich, ich lege die Quittung morgens in den Müll. Das ist es, wofür ich verantwortlich bin.

Schweigen.

Ich weiß nicht, wieviele zufällige Finder ich schon reich gemacht habe. Ich sehe mir nie eine Ziehung an. Was würde es nützen. Ich bin nur der Mittelsmann. Ich gebe den Zufall und das Glück weiter.

Schweigen.

Ich stelle mir ein anderes Leben vor. Ein Leben, wie ich es nie führen könnte. Ich stelle mir vor, das andere Leben wird meine Spielquittung finden. Jemand, der jung und allein ist, ohne Familie, aber mit einem Horizont. Jemand, der ein ansteckendes Lachen hat. Jemand, der selbst in das einundzwanzigste Stockwerk nicht den Fahrstuhl nimmt. Jemand, der von seinem besten Freund getrennt wurde, aber nie aufhören wird, dessen Stimme zu hören. – Am liebsten wäre mir einer, der es nicht nötig hat, das Geld. Der ihn überhaupt nicht nötig hat, den Jackpot. Weil er ihn schon längst besitzt.

Einer, der es nicht im geringsten braucht, findet das Los, steckt es ein, und was wird sein – er freut sich, er freut sich, er freut sich, wie ich mich nie freuen könnte; über sein Glück im Überfluss.

19.

Vor Olafs Tür.

PETER Jetzt gibts nochn Haken. Hater gesagt, der Name kann aber nich so bleiben. Der Name kann auf keinen Fall so bleiben. Argument. Was macht das fürn Eindruck aufn Einbrecher, wenn der vom Hund gestellt wird, und der Security kommt hinterher und ruft Fass Humboldt! Das geht auf keinen Fall.
Jetzt sollen wir n andern Namen aussuchen, der abschreckend, furchteinflößend und brandgefährlich klingt. Olaf, sachma.
Kratzt sich.
Vorschläge.
Kratzt sich.
Sowas wie – *sanft, schnell* 27facher-Analvergewaltiger oder Fleischwolf auf Speed oder lebende Kettensäge – so die Richtung. Was hältst du von Knochenbrecher, Kampfhyäne ... Bluthund ...
Überlegt. Lange.
Würger.
Würger is gut, glaub ich. –
Kratzt sich. Verzweifelt.
Verdammich diese Scheißviecher, die werden uns irgendwann im Schlaf besiedeln, Olaf, is dir das klar – es is, als wären wir tot und sie kommen, um ihre Eier abzulegen, und zwar in unsere Körper, in unsere Körper tun sie die hinein. Die kommen zu den Sterbenden, die Insekten, das weiß man, das is erwiesen, Olaf, ich will aber noch nich sterben, Olaf, hilf uns doch – komm raus, bitte –
Lange Pause. Fasst sich.
Würger. Das Problem is nur, der Hund hört nicht auf den neuen Namen, der denkt, ein anderer is gemeint. Oder er

denkt, er is zwei, und kriegt nen schizophrenen Schub. Wenn ers verstehen würde.
Pause.
Komm mal her Humboldt, geh mal Olaf suchen.

20.

ROSMARIE Ich hab Spiele gekauft. Für Edgar. Memory. Ein Tiermemory. Ein Automemory. Konnte mich nicht entscheiden. Hab ich beide genommen. *Pause.* Wo ist denn das Edgarchen.

SUSANNE Edgar hat uns verlassen, Mama.

ROSMARIE Verlassen. Wo ist er denn hin. Habt ihr ihn ins Internat gesteckt. Is doch kein Geld für da. So ein zarter Junge. Darf er Post bekommen. Ich schick ihm das Memory. *Pause.* Ah, heute gibts wieder Fisch. *Pause.* Ich schick ihm das Tiermemory.

Schweigen.

ROSMARIE Kommt Edgar am Wochenende nach Hause.

SUSANNE Nein, er kommt nicht nach Hause.

ROSMARIE Darf er nicht. Hat er was angestellt.

LUDWIG Natürlich kommt er. Er wird uns besuchen. Jedes Wochenende.

ROSMARIE Was für ein Tag ist heute.

LUDWIG Iss, Mama.

ROSMARIE Ich muss ihm das Memory einpacken. Gleich. Falls heute erst Montag sein sollte, vergess ich es bis zum Wochenende. *Sie macht ein Paket.*

ROSMARIE Es hätte auch ein Reisememory gegeben. Hab ich zum Verkäufer gesagt, was ist das, ein Reisememory. Sagt er, da sind Wahrzeichen drauf. Eiffelturm, Blaue Moschee, Zuckerhut, usw. Sag ich, aber wenn ich dort noch nicht war, kann ich mich nicht dran erinnern; wer war da schon überall, ich nicht, müsst ich lügen. War ja nie Geld da, bei uns, zum Wegfahren; is nich bös gemeint, Ludwig. Sind also keine Wahrzeichen, sind Lügenzeichen. Ist kein Reisememory, ist ein Lügenmemory. Ich habs nicht genommen. *Zu Susanne.* Isst du nichts, Herzchen.

SUSANNE Wenn du das nächste Mal alleine weg gehst, sag ein Wort, Rosmarie. Ich steck dir dann die Zettel in die Wäsche.

ROSMARIE Zettel in die Wäsche –

SUSANNE Dein Name, Adresse, Telefon, du musst sie immer in die Unterwäsche stecken. Falls du die Handtasche irgendwo vergisst. Die Unterwäsche ist sicher. Wenn du einen Unfall hast, finden sie deinen Namen vor der Narkose.

LUDWIG Besser wäre ein Kettchen. Ein kleines Halskettchen mit einem Medaillon.

ROSMARIE Das ist eine gute Idee. Vorne ein Bild vom Hl. Christophorus, hinten ein Foto von Edgar.

Schweigen. Rosmarie sieht das Paket.

ROSMARIE Ist das Paket für mich?
Schon packt sie es aus. Strahlend.
Ein Memory!
Überlegt, erschrickt. Erinnert sich.
Ach Edgar ist ja tot! Das ist es! Edgar ist tot! Edgar ist tot!

21.

Susanne geht
Susanne kommt wieder
Rabe wartet
Rabe begleitet sie
Wohin sie auch unterwegs ist
Susanne weiß es
Sie spürt es
Rabe sucht und findet sie wieder
Seine Wörter und seine Worte
Langsam

Und die Liebe

Einer von uns greift
Mit einer Hand
In die Luft
Um eine Mücke
Zu fangen

22.

Vor Olafs Tür. Peter völlig zerstochen.

PETER Olaf, du könntest wenigstens mal mit inn Wald gehen. Sieht dich doch keiner. Und wenn, da laufen nur so komische Typen rum. Der Schraube, Ludwig, den seh ich jedesmal. Der sieht echt nich gut aus, du. Steht da, manchmal ne Viertelstunde vor einem Baum; wandert bisschen hierhin und dahin, Kopf nach oben gereckt, lauscht – worauf wartet der. Kontakt, ja ich weiß, du willst kein Kontakt. Der Schraube auch nich, hab ihn paarmal angesprochen. Der guckt mich an als wär ich ein Ast. Geredet hat er nich mit mir. – Wie du. – Steht da auch im Regen rum. Fehlt noch, dass er sich auszieht und auf der Lichtung rumtanzt. *Lacht.*
Schweigen.
Olaf, hab ich dir schon gesagt, dass ich –
Dass ich dich –
Hab ich dir jemals gesagt, dass ich dich –
Dass du mir fehlst –
Laute Musik.
Was brütest du aus da drin –
Was –
Schreit. Lass mich wenigstens rein zum Desinfizieren!
Fängt an zu putzen.
Pause.
Für die Übergangsphase rufe ich ihn jetzt Würger Humboldt. Die Leute auf der Straße gucken schon komisch. Ja, die gucken komisch. *Zuckt die Achseln.* Die hungern ja nicht. Wir brauchen das Geld.

23.

Liebe Liebe Liebe
Muss es wohl sein
Wie sie sich wundern
Luft haben, Aufatmenkönnen
In der Gegenwart des Anderen
Die Fenster weit auf
Licht Brise Sonne
Lass mich dich ansehen

Die Zeit vergeht nicht
Die Zeit bleibt still
Wir halten sie an
Sie fallen in den Augenblick
Der Augenblick ist endlos

Das tote Kind, das unter der Erde liegt, nie vergessen
Immer mit erinnert
Der Humus, auf dem sie wachsen
Vergiss nicht

Sie wagen sich vor auf fremdes Körpergebiet
Rabe mit seinen Mullverbandsfingern
Bringt Susannes nackte Haut zum Lachen
Und wärmt sie, wo sie es nicht nötig hätte
Susanne sammelt und zählt mit geschlossenen Augen
Jedes Mal, jede Narbe auf Rabes Haut
Und mit jedem Mal kommt sie auf eine andere Zahl
Und muss ihre Forschertätigkeit von Neuem beginnen
Narbe 9 oder 12, der Biss eines Hundes, harmlos
Narbe 17 oder 21, am Knie, Erinnerung an einen Sturz in Glassplitter
Das dicke Muttermal unter dem linken Arm, angeboren

Die Einbuchtung in der Mitte des Brustbeins
Ein gebrochener und dann verwachsener Knochen
Über solche Dinge wie die Naht am Oberschenkel, 15 oder 16
Und das münzgroße Relief unterhalb des Schulterblattes, 8 oder 11
Gibt Rabe keine Auskunft
Schiebt Susannes tastende Finger sacht beiseite
Und täuscht vor, eingeschlafen zu sein
So aber, weil er schläft, kann Susanne die nicht erklärten Spuren
Umso konzentrierter küssen, mit einer Hingebung
Die glauben möchte, ihre Zärtlichkeit sei es
Die sie bis in die tiefste Vergangenheit hinein auslöschen könnte

Vergessen, was zu vergessen ist
In den stillen Stunden
Auf Rabes Zimmer

Zum ersten Mal sieht sie Rabe fröhlich
Rabe lacht, er lacht tatsächlich

Einmal nur verlassen sie das Zimmer
Susanne, am offenen Fenster, sieht über die Straße
Vielleicht beobachtet Ludwig uns manchmal
So wie du es früher getan hast
Aber er ist ja nicht zuhause
Übermütig packt sie ihre Tasche und zieht Rabe die Treppen hinunter
Ehe er sichs versieht
Mit der S-Bahn bis zur Endhaltestelle
Von da laufen sie, rennen
Rennen rennen gegen die Zeit bleib stehen

Ein, zwei Sommer lang haben sie mich »Araber« genannt. Jeder brauchte einen Spitznamen. Ich gehörte zu niemandem, sie fanden es lustig. Nach dem Unterricht ging ich nach Hause und zog dann allein los. Sie taten mir nichts, gar nichts. Es war nur dieses Wort, das eine Grenze zog. Zwischen mir und ihnen. Oder war es das Wort, das die Grenze benannte, die vorher und immer schon da war.
Wenn wir irgendwohin gingen, brauchte nur einer zu rufen, Hey Araber, und ich bekam den zugigen Platz, das kalte Essen, das hässliche Mädchen. Rabe, ich heiße Rabe. Sie lachten. Er schämt sich, Araber zu sein. Ich gab mir Mühe. Wenn schon ein falscher Araber, wollte ich wenigstens der Klügste, der Schönste, der Mutigste sein. Sie lachten, und ich blieb der Andere. Und konnte nichts sein als der Andere. Bis ich dachte, gut, so sei es, seht in mir den Abschaum. Und wenn ihr wollt, dass meine Füße schwarz sind, ich dunkel bin und undurchsichtig, dann sollen meine Füße schwarz sein, nur für euch. Und ich ließ sie sein, und wurde, der ich bin.

Von da laufen sie, rennen
Rennen rennen gegen die Zeit bleib stehen
Atemlos kommen sie am See an

Ruderer, ich wollte Ruderer werden

Das war der Sommer, in dem ich anfing zu trainieren. Alles durcheinander zuerst, Boxen Rudern Ringen. Mein Onkel hatte einen Kahn, mit dem ich den Fluss hinauf gegen die Strömung ruderte. Ein Fluss, auf dem Schaum trieb über einem Grund, bis zu dem man nie hinabsehen konnte. Ich wollte mich nicht prügeln. Ich wollte nicht kämpfen. Ich wollte nur gewappnet sein, falls sie kämen, um mich anzugreifen.

Sie rennen das Flussufer entlang

Die Bewegung war schön. Ich lernte meinen Körper zu beherrschen. Die Bewegung war schön. Ich hätte Ruderer werden sollen statt Soldat.

Sie rennen das Flussufer entlang
Ein regnerischer Tag, sie sind allein, das Ufer ist aufgeweicht
Schilf Grasnarbe schwarze Erde
An einem Steg, zwei Holzbohlen breit, finden sie einen Kahn
Stumm betrachten sie die Ruder, die in den Dollen stecken
Nach innen geschlagen
Zwischen zwei Planken eine undichte Stelle im Boden
Ein Strahl Wasser drängt ins Boot und läuft wieder ab im
  Rhythmus der Wellen
Sie binden das Seil los und springen hinein
Keiner von beiden macht den Versuch zu rudern
Sie legen sich auf den Rücken und lassen sich auf den See
  hinaustreiben

24.

Sie haben Gras geraucht, Höhepunkt ist vorbei, letzte Züge.

EDNA Sag nochmal. Qiu Shihua. Sag nochmal.

KAROLINE Qiu Shihua. Ich weiß nicht, wie er aussieht. Keine Ahnung, obs ein Foto von ihm gibt.

EDNA Ja gut, Chinese halt. Chinese um die siebzig. Ziegenbart. Flache Nase mit großen Löchern. Kann ich mir vorstellen.

KAROLINE Schneckenlangsam. In jedem Lebensjahr, das ein Arbeitsjahr war, hat er ungefähr ein Bild gemalt. Das, sagt er, sagt man, reicht.

EDNA Beschreib sie mir. Man kann lange nichts erkennen.

KAROLINE Sie sind alle – fast weiß. Auf den ersten Blick weiter nichts als ein bisschen angeschmutzte Leinwand. Unscheinbare Flecken.

EDNA Aber ganz allmählich, wenn man lange genug davor steht –

KAROLINE Beginnt man zu ahnen, was man vor sich hat, welche Wege, Weiten, Landschaften sich zeigen, öffnen können in dem Licht –

EDNA Das auch aus dem Bild selbst kommt, das auch –

KAROLINE *wirft eine Tablette ein* – das auch imaginär ist. Dinge, die vorher nicht da waren. Die der erste, auch der zweite dritte vierte Blick nicht sieht. Die nur das müde Auge sieht, das so lange geschaut hat, dass es tränt und das Lid zuckt; dann zeigt es dir allmählich die Wirklichkeit.

EDNA Den Himmel, wie er, eben noch verhüllt, von einer blendenden Sonnenkugel durchleuchtet wird. Das Licht breitet sich aus und durchdringt die Wasser, das Land und dich, der du als Betrachter davorstehst.

KAROLINE Wunderbarer noch, es ist dein Auge, es ist dein Denken, das die Formen, die Farben, die Bilder erschafft. Sie brauchen Zeit, sie nehmen dir Zeit, und geben dir Raum und Ruhe und Glück zurück. Sie schenken dir – *wirft eine Tablette ein.*

EDNA Imagination. Ja. – Mir hat man diese Zeit gestohlen. Die Zeit, in der ich hätte erkennen können, was ich für Möglichkeiten habe. Die Zeit, in der alles weiß war und sich langsam erhellte. Die Zeit, in der sich die Konturen bilden. Meine, nicht die von anderen. Die Zeit, in der du an dich glaubst – Ich an mich, nicht an jemand anderen.

Pause. Ernüchterung setzt ein.

EDNA Der Morgen an jenem Tag im August. Der helle, blaue Morgen an jenem Tag im August. Er fehlt mir am meisten. Wir wussten schon, dass es ein heißer Tag werden würde. Das war das einzige, was wir wussten.

Pause.

KAROLINE Edna, du solltest nicht mehr hingehen, zu dem Unfallort. Das tut dir nicht gut.

EDNA Ich weiß. Jeden Tag lauf ich die Straße runter und dann links zu der alten Sporthalle, trainieren. Jeden Tag. – Ich werd Umwege machen. Versprochen. *Pause.*
Grübeln. Die Grübelstechmarter. Das Stechen in meinem Kopf hört nur auf, wenn ich schlafe. Aber ich schlafe kaum noch, ich kann nicht ich kann nicht ich kann nicht mehr schlafen – Tut dir nichts leid. Von früher. Dassde die Schule nich mehr hast.

KAROLINE Woher. Hätte ich weiterarbeiten sollen. Nach der Therapie. Hab ich nicht gepackt. Nervenzusammenbruch. Gar nicht wegen der Schüler. Die sind grausam direkt. O-Ton Olaf: Frau Karoline, hamse Ihnen die Milchtüten wegamputiert ... Sag ich, ja Olaf, ich lauf für immer oben ohne ...

kannste meine Körbchen als Kaffeefilter verwenden – ... Das Schlimme waren die Kollegen. Frauen wie Männer. Als wär ich n Geist für die. Ich komm ins Zimmer, geh den Gang entlang, sie heben den Kopf wie bei einem Luftzug. Keiner sieht dich an. Oder plötzlich starren sie dir aufs Knie. – Das ist kein Leben.

EDNA Wieso hast du dir nich gleich ein paar Ersatztitten besorgt.

KAROLINE Ja. Rat mal. Es nehmen, wies kommt. Echt bleiben. Keep it real.

EDNA Unverstellte Natur –

KAROLINE Wer will schon er selber sein.

EDNA Ich bestimmt nich.

Pause.

EDNA Jetzt haste aber bald genug, oder.

KAROLINE Ja. – Soll ja noch ästhetisch aussehen. – Nich dass es hinter meinem Rücken heißt, die Brüste sind okay, aber der Körper ist zu klein.

EDNA Dir müssen sie gefallen.

KAROLINE Gefallen – Ich muss sie rumschleppen. *Wirft eine Tablette ein.*

EDNA Sag mal. Was nimmst du da. Ohne mich. Das is schon die dritte –

KAROLINE Is nichts. Is nur wegen der Rückenschmerzen.

EDNA Solltest nicht so viel wippen.

25.

Abends.

LUDWIG Stell dich mal in die Badewanne.

ROSMARIE Ah, das Wasser wird eisig sein, eisig wird es sein, eisig, eisig.

LUDWIG Das kommt dir so vor. Lauwarm ist es.

ROSMARIE Wir müssen Strom sparen. Wegen dem Krieg, ja.

LUDWIG Is kein Krieg hier.

ROSMARIE Is schon vorbei?

LUDWIG Nein, Rosmarie. Wir haben keinen Krieg hier. Schon lange nicht mehr gehabt.

ROSMARIE Oh.

Schweigen.

ROSMARIE Ludwig –

LUDWIG Was, Mama.

ROSMARIE Kann ich dich was fragen; kann ich dich was fragen, ohne dass du mich auslachst.

LUDWIG Ich lach dich nie aus. Was ist.

ROSMARIE *nervös, schämt sich* Ich weiß nicht –

LUDWIG Sag nur.

ROSMARIE Ich weiß nicht, kommt es mir nur so vor, bild ichs mir ein – aber – *Pause.* Den Edgar hab ich schon so lange nicht mehr gesehen. *Sehr müde, sehr verzweifelt.* So lange nicht mehr.

LUDWIG *geduldig, nimmt Rosmaries Hände, liebevoll* Weißt du, Mama, der Edgar ist gestorben. Ein Auto hat ihn überfahren.

Pause.

ROSMARIE Das werd ich nie begreifen.

Pause.

LUDWIG Ich weiß.

Rosmarie hat sich ausgezogen
Und steigt in die Wanne
Legt sich ins Wasser
Legt sich ins Meer
Muscheln Schnecken Fische
Woher das Leben kommt
Ludwig meint, dass Susanne neben ihm steht
Oder Edgar
Oder Karoline
Oder zu wem könnte die Stimme gehören, die sagt
Tus nicht
Er strengt sich an
Lauter, befiehlt er
Wenn du mit mir reden willst, rede lauter
So dass ich dich verstehe
Er lauscht
Lauter, lauter, lauter
Ich kann dich nicht hören
Schrei doch nicht so, sagt Rosmarie
Er hält noch einen Augenblick inne, aber da ist sonst keine Stimme
Niemand, der zu ihm redet, alles stumm

Ludwig taucht die Schultern seiner Mutter unter Wasser, ein Tippen genügt, die Frau ist so dünn, so mager, sie wiegt fast nichts, die Schultern, dann der Kopf, die Mutter taucht unter, kommt hoch, die Haare nass, der Kopf wirkt noch kleiner als sonst, sie schaut nach oben, sieht Ludwig an, verblüfft, aber freundlich, sie lächelt sogar, ja sie lacht, ein Tippen, die Schultern, der Kopf, auf Wiedersehen Mama, Leb wohl, einmal zweimal dreimal taucht sie noch auf, sie holt keine Luft mehr, die Augen sind geschlossen, ihr Körper wehrt sich nicht, ihr Herz leistet keinen Widerstand, die Hände sind offen, ihre Lunge atmet Wasser

26.

OLAF *schweigt lange und betrachtet das Publikum, bevor er spricht*
Ich muss nicht mehr raus
Ich brauch die Sonne nicht mehr zu sehen
Alles, was ich noch brauche, hängt am Ende einer Stromleitung
die in mein Zimmer führt
Alle Signale, die ich brauche, fängt mir
mein drahtloser Empfänger, meine Peilstation, meine Antenne
aus der Luft
Ich sende selber
Sonar Radar Ultraschall Lichtimpulse
Ein Insekt, eine Fledermaus
Ade Wetter und Tageszeit und physischer Kontakt
Alles auf dem Schirm
Das Draußen brauche ich nicht mehr

Euch ist euer Attentäter wichtiger als das Geschick eurer Nachbarn
Euch ist euer Terrorist wichtiger als das Geschick der Freunde
Aber vielleicht sind wir es am Ende
Wir, die ihr am besten zu kennen glaubt
von Kindesbeinen an
und die ihr doch am wenigsten kennt
Wir, von denen ihr denkt, die hat Gott nur so nebenbei erschaffen
oder sogar aus Versehen
auf alle Fälle, ohne sich viel Mühe dabei zu geben
und genauso sehen sie auch aus, und genauso wird auch ihr Leben verlaufen

Ein Dreck, bei dem zwischen Geburt und Tod nur Dreck passiert
Dreck, was sie anfassen, und Dreck, was sie tun
Dreck zu Dreck, ob sie wollen oder nicht
Wie könnten sie fähig sein, Böses zu planen
Wie könnten sie es wagen, an Handeln überhaupt zu denken
wo sie doch nur zufällig existieren
Vielleicht sind wir es
Wir, die einfachen, unscheinbaren Ex-Freeclimber aus der Nachbarschaft
die einmal wie Fliegen in der Wand hingen
die ihr genauso wenig bemerkt habt wie Fliegen an der Wand
bisschen lästig allenfalls
Wir werden euch am Ende lehren, was es heißt, in Furcht zu leben, in Furcht

27.

Sie sagen, wir hätten besser
Aufpassen müssen
Jeder einzelne von uns auf
Jeden einzelnen von uns auf
Jeden einzelnen
Jaja sichersichersicher
Das stimmt
Das hätten wir mal
Das hättest du
Das hättest du

Wir haben ihn nicht gesehen
Wir waren nicht zugegen
Der Tod war schneller als das Leben

Ich lass dich nie mehr fort
Ich lass dich nie allein
Wenn der Tod dich holt
Sollst du bei mir sein

Denn es sei
Zu erkennen gewesen
Denn es sei voraussehbar gewesen
Und man hätte etwas
Und wir
Hätten es
Verhindern können
Jaja sichersichersicher

Jeder einzelne von uns

Klare Sache

Im Nachhinein

28.

PETER Er ging immer weiter. So abwesend. Leichtfertig. Ich bekam es mit der Angst. Was hatte er vor. Er wirkte nicht wie einer, der sich verirrt hat. Er ging zielstrebig weg, immer weiter weg. Ich rief ihm nach, Herr Schraube Herr Schraube. Kein Zucken der Schultern, kein Rucken des Kopfes. Ludwig, rief ich, Ludwig; vielleicht holt das ihn zurück. Nichts. Er wurde grün; die Farne wuchsen höher, je weiter er wanderte, umwucherten seine Knie, die Beine, die Hüften; der Schatten der jungen Bäume legte sich um seinen Körper, Blätter bewuchsen seine Arme, Zweige senkten sich herab und holten sich seinen Nacken, die Haare. Weiter ging er, weiter, bis er zwischen den Bäumen nicht mehr zu sehen war, bis das Grün ihn in sich aufgenommen hatte.

29.

Dann steht Susanne in Rabes Tür, Koffer in der Hand
Und er kann die Tür nicht mehr zumachen vor ihr
Sie betritt das Zimmer, das seines ist
Und beginnt, den Koffer auszupacken
Säuberlich stapelt sie ihre Sachen in den Schrank, der seiner ist
Und setzt sich auf das Bett mit einer selbstverständlichen Art
Die anscheinend bedeutet, dass sie zusammengehören
Miteinander leben sollen von nun an
Während Susanne von dem Mann redet, der seine Mutter getötet hat
Und fortgegangen ist
Keiner weiß wohin Einfach verschwunden
Denkt Rabe an die Frau, die er verlassen hat
Und dass er nie mehr einen Menschen, der denkt
Er könne zu ihm gehören, verlassen wollte
Also lässt er sich auf das Spiel ein, das keines ist
Von dem er nicht weiß, wie es weitergehen kann
Und hofft auf einen guten Ausgang

Es ist nicht zu verstehen Ob er Rosmarie
Unter Wasser gehalten hat Oder ob es ein Unfall war
Sie können es nicht wissen
Wie sollte sie von alleine ertrinken
Ein Herz- oder Schlaganfall
Die Obduktion findet nichts dergleichen

Zu seiner Überraschung findet Rabe Gefallen an dem Leben
Zu zweit, die Verliebtheit trägt
Wovon sie leben sollen, was weiter wird
Daran will er nicht denken

Ich kenne ihn überhaupt nicht, weiß nicht, wer der Mann ist, der mein Mann war. Hilf mir, bitte, habe ich manchmal zu ihm gesagt, früher, Was soll ich tun oder Sei da. Aber in seiner Welt durfte man keine Schwäche zeigen, nicht er noch ich, keine Blöße keine Nacktheit kein Aufgeben. In seiner Welt, dachte ich, tragen die Menschen Korsett, damit zusammengehalten wird, was sonst die Form verlieren würde. Also habe ich gelernt zu schweigen, zu lächeln.

Obwohl es Susanne war, die zu ihm gekommen ist
Sucht sie Rabes Nähe nicht

Jetzt muss ich den Namen des Mannes nicht mehr aussprechen. Beide verschwunden, Kind und Vater.

Sie will sich nicht umarmen lassen und geht steif umher
Wie rheumatisch, jede Bewegung verursacht Schmerz
Nachts rückt sie auf Abstand, eine Elle zwischen ihnen

Das kommt Rabe vertraut vor
Du wirst nicht gebraucht
Aber deine Gegenwart wird gewünscht
Ich mag dieses Gefühl
Es stimmt nicht, was sie sagen, darüber, wie man Soldat wird
Dass man sich selber auslöschen muss, die eigene Person vergessen
Ich habe mich nie so sehr gespürt
Wie in der Armee
Ich mochte dieses Gefühl, ich brauchte dieses Gefühl
Ich tat etwas Wichtiges
Wurde trainiert für besondere Einsätze
Ich meldete mich freiwillig
Kam dazu, dass
Es ist ja kein Krieg, wo wir sind

Nicht wirklich
Das Wort wird nicht mehr benutzt
Das Wort stirbt aus
Und wir sind Einsatzkräfte

Ich bin jetzt Einsatzkraft Operation Susanne
Das ist unser Feldlager
Wann der Marschbefehl kommt
Und wohin es dann geht
Wissen wir nicht

Rabe lacht
Rabe sieht auf seine verbundenen Hände
Eines ist sicher
Diesen Einsatz will ich zusammen gewinnen
Eines ist sicher
Ich hol dich hier raus
Verletzte nehmen wir mit
Tote bleiben zurück
Ab jetzt wird alles anders

Erste Liebe zweite Liebe dritte Liebe vorbei. Ich habe immer darauf gewartet, dass mein Leben ein Ganzes wird. Schön blöd was. Schule, Arbeit, fehlt was, Heiraten, fehlt was, Kind kriegen, fehlt immer noch was. Warten. Ich wusste nicht worauf, dass sich mein Leben komplettiert oder so. Ein Ganzes würde, einen Schlussstein bekäme, wie ein Dach den letzten Ziegel, damit es nicht hineinregnet. *Pause.* Und seit Edgar gestorben ist, fehlt nichts mehr. *Pause.* Komisch oder. *Pause.* Nicht dass du denkst, dass es das war, worauf ich gewartet habe. Es ist einfach so, dass es immer weitergeht, das Leben. Es ist nicht fertig und wird nie fertig sein, egal, was mit uns geschieht. Das ist kein neuer Schmerz, es ist kein Trost. Es ist nie zu Ende. Das habe ich jetzt verstanden. *Schweigen.* Es ist nie zu Ende.

Es ist alles offen. Immer. *Schweigen.* Und deswegen habe ich jetzt größere Angst als jemals zuvor.

Ein Gefühl der Hilflosigkeit droht in Rabe aufzusteigen
Jedesmal, wenn Susanne so redet
Er hat nicht so viele Worte zur Verfügung
Er würde lieber handeln
Kann man Handeln durch Worte
Manchmal bekommt er Kopfweh, wenn sie redet
Er redet zurück, so gut er kann
Für zwei Menschen füllen sie diesen Raum mit zu vielen Gedanken
Das spürt er
Die Gedanken, die ausgesprochenen, und die, die sich in ihrer beider Köpfe bewegen, dauernd
Sie drohen den Raum zu sprengen
Und machen eine ganz gefährliche Kiste aus diesem Ding hier
Das spürt er
Wir brauchen jemand, der sich unserer Gedanken annimmt
Erstens, der sich das in Ruhe anhört; zweitens, der da eine Ordnung reinbringt
Drittens, der sie aufbewahrt, bis wir sie vielleicht einmal wieder haben möchten
Wir müssen sie los werden

Susanne nickt stumm
Sie haben ihr eine Betreuung angeboten
Fürsorge Fürsorge
Aber dann unternimmt sie doch nichts weiter

30.

EDNA Hie und da eine anonyme Drohung
Und heute Die wievielte
Der Attentäter wieder unterwegs
Edna konnte es nicht verhindern
Letzte Chance Die Bombe finden
sie entschärfen Auf dem Weg zum Einsatzort
der Andere werden Endlich
kann ich beweisen, was ich kann

Das Ziel Ein Restaurant im Zentrum
kurz nach Büroschluss, gut besucht
Vor Wochen habe ich Peroxid besorgt
Chlorwasserstoffsäure Azeton
dann gehofft, auf mein Zeichen
jetzt bin ich hier Endlich
Endlich werde ich zu mir kommen
Pause.
In einem Hauseingang
gegenüber von dem Restaurant
Warten Beobachten
Ich sehe an meinem Körper hinab
Ich trage den Gürtel
den Gürtel mit dem Sprengstoff
Wer bin ich
Ich sehe an meinem Körper hinab
Ein Mann Eine Frau
Die Hände Arme Beine wie sehen sie aus
grob zart lang gedrungen fleischig zierlich
Meine Schuhe Was habe ich an Die Farben
Ich betaste meine Haare Mein Gesicht
Wer bin ich Wie sehe ich aus
Ich kann mein Gesicht nicht erkennen

Es ist noch Zeit
Es ist noch Zeit
Ich sehe, wie zwei Jugendliche vor dem Lokal
ihre Fahrräder losketten und wegfahren
Ein Geschäftsmann, Hut schwarze Tasche, kommt heraus
hastet die Straße hinunter
Blonde Frau, zwei kleine Kinder, studiert die Speisekarte
geht weiter Ein Kind hüpft voraus Hot Dog Hot Dog
Drei alte Frauen, bleiche Gesichter stark geschminkt
verlassen das Lokal, plaudern plaudern plaudern
Eine Gitarre schiebt sich an ihnen vorbei, hinein
Hinterher eine zweite Gitarre Und ein blauer Wollmantel
Ein Rucksack ruft ihm nach, läuft, stolpert, fällt beinahe, stolpert, fällt beinahe, fängt sich auf einem Bein, lacht Drei bleiche Gesichter hochrote Münder lachen mit, Hoppla, Vorsicht junge Frau
Der Rucksack verschwindet im Lokal
Es ist noch Zeit
Es ist noch Zeit
Die Weißgesichter küssen einander
Ich sehe an mir hinab
Wer bin ich
Wann
gehe ich hinüber und hinein
Ich sehe auf die Uhr, verfolge den Sekundenzeiger
und zähle
von 21 rückwärts

31.

Wieso hast du die Wohnung so schnell gekündigt
Das war doch die deine, mit Vertrag
Ich will die Erinnerung nicht
Du hättest die Wohnung behalten können
Drei Menschen, die ich verloren habe, drei
Und in der Luft ist noch ihr Geruch
Und ich atme ihre Abwesenheit mit jedem Zug
Da hätten wir doch aber viel mehr Platz gehabt
Schrei doch nicht
Entschuldige, das hab ich gar nicht gemerkt
Ich hätte sie streichen können, die ganze Wohnung weiß
Nein, gelb, ja, etwas Fröhliches, wie du es gerne hast
Schon gut, jetzt ist es zu spät

Die Toten sind keine Bedrohung für Rabe
Auch nicht die Verschwundenen
Er hätte es ausgehalten mit ihnen, die Wohnung wäre groß genug
Das macht er sich weis, und dass er etwas Festes will
Nichts so Vorübergehendes wie ein Leben im Hotel
Dauernd steht er am Fenster und sieht hinüber
Jemand schraubt die Glühbirnen heraus
Susanne, man wird kein Licht mehr machen können
Einer trägt eure Matratzen weg
Soll ich mal kurz rüber
Bloß nicht, bin froh, wenn ich das versiffte Zeug los bin
Ich könnte vielleicht was retten
Suchst du Streit
Kommst du darauf
Ich will dieses Leben nicht mitnehmen Ich will nicht dran erinnert werden

Er versteht sie ja, er versteht sie
Seine Hände, die Finger, die Haut unter den Verbänden juckt
Er versteht sie ja, nur dass er, nachdem er so oft so viel zurückgelassen hat
Endlich etwas Festes will, das redet er sich ein
Die Haut unter den Verbänden juckt
Er muss endlich wieder etwas in die Hände nehmen können
Das tote Kind taucht öfter wieder auf
Und er kann es nicht anfassen
Nachts vor allem, wenn er wach neben Susanne liegt
Es arbeitet unter den Verbänden, das müssen ganz kleine Tiere sein
Die seine abgestorbenen Hautfetzen zwischen ihre winzigen Zangen nehmen
Zwischen ihre Kiefer stecken, sie zernagen und auffressen
Er hat Angst davor einzuschlafen, wenn er einschläft und nicht mehr achtgibt, dann fangen sie womöglich an, seine gesunde Haut, sein gesundes Fleisch anzufressen, das ginge im Schlaf, ohne dass er es merken würde, und wenn er erwachte, wäre es zu spät, sie hätten sich bereits durch sein Fleisch genagt, seine Sehnen die Knorpel die Muskeln hätten sie gründlich verdaut, das Blut aus den Adern haben sie mit ihren kleinen Mäulern getrunken, sie holen sich Kraft aus seinem Fleisch seinem Blut, die Knochen wären noch übrig, und, wenn er erwachte, sein Kopf wäre noch da, das Gehirn wäre noch da, er würde es spüren, das warme Kribbeln und Trippeln der Tausendschaften insektenhafter Tierchen, wie sie ihn zärtlich mit ihren Tentakeln betasten, er fühlt sie die Klippe seiner Lippen nehmen, und dann sind sie auf seiner Zunge, und bevor sie über seine Augäpfel schwärmen, schließt er die Lider, es kitzelt, sie sind dabei die Wimpern zu rupfen, bald wird er nicht mehr sehen können, unter den Lidern schwimmt eine Flüssigkeit, jetzt marschieren sie und verstopfen mit ihren Körperchen die Nasenhöhle, und bald wird er keine Luft mehr

Schrei doch nicht Schrei doch nicht
Schrei doch nicht
Entschuldige, das hab ich gar nicht gemerkt
Hast du geschlafen Deine Augen waren wieder weit offen
Nein Nein Ich hab nicht geschlafen

Hab ich dich geschlagen
Nur ein bisschen Im Schlaf Aber du hast ja nicht geschlafen
Nein nein du hast mich nicht geschlagen Ich glaube du hast
Fliegen gefangen den Rauch deiner Zigarette weggewunken
Ich glaube du wolltest mich aufwecken um mit mir zu spielen
Zu spielen Ja Ja So wirds sein Zu spielen genau So wirds sein

Susanne nimmt seine Hände
Sie nimmt seine Hände und hält sie fest und streicht über die Mullverbände
Langsam und gründlich wie es ihre Art ist
Sie hat gemerkt, dass Rabe diese Bewegung beruhigt
Ich spüre nichts Ich spüre nichts
Er ist erleichtert Ich spüre nichts Das ist gut

Sie gibt Rabe ein paar von seinen Medikamenten und wartet, bis er schläft
Richtig schläft diesmal
Sie weiß nicht, was ihn quält Sie kann es nicht einmal ahnen
Wir haben uns nichts versprochen Außer, nicht verständnisvoll zu sein
Gut Gut Kein Verständnis bitte
Das war so sehr ernst wie es ein Spiel war

Und doch sprechen sie miteinander
Die Sehnsucht, einander zu verstehen, ist so groß
Dass sie zu dem andern sprechen, wenn er schläft

Aber von dem toten Kind
Und allem, was damit zusammenhängt
Kann Susanne nie sprechen
Das tote Kind versetzt Rabe in glühende Aufregung
Auch wenn er sich zu beherrschen versucht
Das tote Kind provoziert Rabe derart
Dass sie schon meinte, Rabe würde aus dem Fenster springen
Oder er würde sie hinunterwerfen und hinterherspringen
Oder er würde sie packen und zwingen mit ihm zugleich zu springen
Oder
Dabei hatte sie nur
Versucht

Die Einsamkeit, mit der ich lebe, sie ist wie eine fremde Person in mir. – Ich weiß, du hast dafür kein Verständnis. Lach doch. Macht nichts. – Die Fremde, sie geht in mir umher, sie besetzt Räume meines Körpers, in denen ich nie war. *Pause.* Alles, was ich höre, der Widerhall meiner eigenen Schritte. Alles, was ich spüre, die Enge meines Herzens. Alles, was ich sehe, die Verkommenheit meiner Welt.

Rabe erträgt es nicht, wenn sie so redet
Er nickt zu allem und heuchelt Freundlichkeit
Und lächelt, bis ihm ganz schlecht wird
Er liebt Susanne, auf keinen Fall soll sie denken
Er höre ihr nicht zu
Manchmal gelingt es ihm, bis zum nächsten Tag ruhig zu sein und zu vergessen
Obwohl in seinem Kopf Susannes Worte toben
Die Wörter schlachten einander ab
In seinem Kopf, und er kann sie nicht daran hindern
Und in seinem Körper zucken und verkrampfen sich alle Fasern und wollen nur eines

Bewegung
Es muss etwas getan werden Es muss etwas geschehen etwas Lautes und Durchgreifendes Etwas das alles wieder ins Lot bringt Eine schöne Eine Ordnung Eine Ruhe
Die das Normale wieder herstellt
Das sich gut anfühlt
Es soll sich gut anfühlen
So wie ganz früher
Als er noch
Einsam
Wieso sagt sie das
Schmerz
Wieso sagt sie so etwas
Ohne Zukunft
Wie kann sie sowas sagen
Verkommenheit

Ich könnte jetzt ein Gewehr nehmen, ein Messer, eine Granate. Ich könnte aus dem Fenster schießen auf jeden, der zufällig vorbeikommt, und seien es achtzehn hintereinander, und sei es eine Schulklasse. Ich könnte mich in eine Einkaufspassage stellen und dem nächstbesten, der mich ansieht, der mich nur ansieht mit etwas im Blick, das ich gerne missdeute, das mir nicht gefällt – dem ramme ich die Klinge in die Eingeweide bis zum Heft, zwischen die Rippen, mitten ins Herz – ich könnte es tun. Ich könnte es jetzt tun. Ich würde es gern tun. Jetzt.

Rabe
Rabe
Susanne ganz leise
Denk doch an uns
Dass wir uns begegnet sind
Dass wir uns gefunden haben
Dass wir hier sind

Trotz allem
Rabe
Susanne noch leiser
Wir sind hier Wir sind wirklich

Ja, ich könnte es immer noch tun. Ich habe Angst davor, dass ich es immer noch tun könnte. Es ist noch lange nicht vorbei. – Deshalb bin ich hier. Deshalb wage ich mich kaum hinaus. Hier, wenn mich dieser Traum, dieser Albtraum, diese Gedanken, dieser Zwang überfallen, werde ich mich selber festbinden, ich binde mich fest, ich habe das schon getan, ich habe meine Medikamente, ich warte, bis es vorbei ist, ich schlage den Kopf auf den Boden, bis es vorbei ist, ich beiße meine Knöchel, bis es vorbei ist, ich nehme meine Tabletten und werde bewusstlos, bis es vorbei ist.

Susanne muss ihm zusehen
Wie er sich festbindet
Sie will ihn davon abhalten
Er droht ihr
Habt ihr das in der Armee gelernt
Euch selbst zu fesseln
Witz versucht
Ich bin der Feind, Susanne, ich bin der Feind
Susanne laufen Tränen übers Gesicht
Obwohl sie lachen will
Rabe hat Übung, er verwendet zwei Seile
Die er am Bett verknotet, am Ende je mit einer Schlinge
In die er mit den Füßen schlüpft
Ein Handgelenk schließt er mit einer Handschelle an das Bett
Wenn er sich ausstreckt, ziehen sich die Schlingen zusammen
Es geht schnell

Er ist ruhiger jetzt

Er gibt vor eingeschlafen zu sein
Damit auch Susanne sich beruhigen kann
Sie legt sich zu ihm auf den Boden
Sie küsst seine Augen
Sie streicht über seinen Körper
Er wartet, bis er ihren Atem spürt
Im Rhythmus des Schlafs

Da sagt er es
Er sagt ihr flüsternd, fast ohne Ton
Was er gesehen hat, was ihm passiert ist
Er spricht es aus, während sie schläft, damit sie es weiß, ohne
Dass sie es sich anhören muss, ohne dass sie Mitleid
bekommen muss, ohne
Dass ihr etwas wehtun muss, ohne
Dass sie darauf antworten muss, sie braucht nicht zu reagieren
Er spricht es in die Nacht
In den dunklen Raum hinein
Und die Luft trägt seine Worte in ihren Gehörgang und
Lässt sie in ihren Schlaf eindringen, eintauchen
Hör doch Susanne, es war so

Ich hatte Wache, und es gab einen Alarm am Tor. Draußen stand eine Familie, sie brachten ein Kind. Das Kind war bewusstlos, der Vater hielt es auf den Armen. Ich sah, dass der Bauch des Kindes unnatürlich geschwollen war, und an der Schläfe hatte es eine Wunde. Ich ließ die Sanitäter rufen und legte das Kind auf eine Bahre. Der Vater, die Mutter und zwei Geschwister standen daneben. Ich habe meine Hände auf seinen Bauch gelegt. Die Schwellung war hart und unnachgiebig. Ich nahm eine Hand des Kindes in meine. Eine Fliege setzte sich auf sein Gesicht, ich verjagte sie und streichelte seine Wange. Es öffnete die Augen, sah mich an und starb.

32.

EDNA In einem Hauseingang
gegenüber von dem Restaurant
Ich sehe an meinem Körper hinab
Ich trage den Gürtel
den Gürtel mit dem Sprengstoff
Wer bin ich
Ich sehe an meinem Körper hinab
Ein Mann Eine Frau
Die Hände Arme Beine wie sehen sie aus
grob zart lang gedrungen fleischig zierlich
Meine Schuhe Was habe ich an Die Farben
Ich betaste meine Haare Mein Gesicht
Wer bin ich Wie sehe ich aus
Ich kann mein Gesicht nicht erkennen
Ich sehe auf die Uhr, verfolge den Sekundenzeiger
und zähle von 21 rückwärts
Und dann, sieben Sekunden, bevor ich losgehen soll
über die Straße und mitten ins Ziel
biegt die Frau, die ich liebe, um die Ecke
Sie biegt um die Ecke, und betritt das Restaurant
die Frau, die ich liebe
Schweigen.
Der Mann, den ich liebe
Schweigen.
Das Kind, das ich liebe
Schweigen.
Fünf vier drei
Stille
Stille
Stille

Ich sehe an mir hinab

Ich trage keinen Gürtel
Ich kann mein Gesicht nicht erkennen

Fünf vier drei
Drüben, auf der anderen Straßenseite
geht eine Gestalt
Eine Gestalt
Irgendjemand
geht hinein wer
wo
Zwei eins null

33.

Heute kommen sie runter
Heute sehen wir nach
Susanne darf vorsichtig Rabes Mullverbände abwickeln
Nicht nur austauschen Heute kommen sie runter
Susanne macht etwas Besonderes daraus
Wie lange sind wir zusammen Noch nie habe ich deine bloßen Hände gespürt
Das muss man sich mal vorstellen Normal ist das nicht
Heute wird gefeiert Sie hat Sekt besorgt
Rabe ist schlecht gelaunt von Anfang an
Darüber hinweggehen wäre ihm lieber
Also mach schon und mach schnell
Runter mit den Verbänden rein mit dem Sekt gleich schlafen
Und erst morgen wieder Bewusstsein
Nun lass doch mal in Ruhe angucken Sindse verheilt Halt doch mal still
Hm alle zehne sinds noch Aber gut sieht das nich aus Vorne alles verstümmelt
Ja Herrgott nochmal was hast du denn erwartet Türlich sindse verstümmelt
Brauchst nicht zu brüllen deswegen
Was Was Was hast du dir vorgestellt Dass ich ausseh als ich käm ich von der Maniküre
Nee aber
Was Was Was
Du bist heut echt zum Abgewöhnen
Fang schon mal an und dann schau ich zu wie lange du durchhältst Aber du kriegst ja nix auf die Reihe alleine Wär vielleicht ganz gut gewesen sone kleine Pause zwischen dem einen und dem anderen Kerl oder nich Bevor du dich wieder wo festsaugst wo du gar nich sein willst und zehn Jahre später merkst dus dann aber wie jetzt runterkommen von diesem Tandem

Wird eben noch paar Jahre weitergestrampelt bis du irgendwann vor Erschöpfung umfällst
Rabe Ich versteh dass
Bitte nicht Bitte nicht Bitte nichts verstehen Du hast es mir versprochen

Soll ich gehen
Nein Nein natürlich nicht Bleib

Es tut mir so leid Es tut mir so weh Was mit deinen Händen passiert ist Es ist Edgars Schuld im Grunde Also ist es auch meine Schuld Ich übernehme sie von ihm
Unsinn

Unsinn Wäre ich nicht dort gewesen An dem Tag Zu der Stunde Am hellichten Mittag des neunzehnten August Wenn irgendjemand Schuld hat Ich hab nichts verhindert Hätt ich was verhindern können
Schrei nicht gleich wieder so
Erzähl lieber
Erzähls mir

Ich habe meine Hände auf seinen Ball gelegt
Nur eine Minute vielleicht weniger
Das Ventil gesucht
Den Ball mit meinen Fingerspitzen gedreht und gedrückt
Um die restliche Luft darin zu fühlen
Er brauchte nur aufgepumpt zu werden Man konnte ihn nicht kicken
Das erste Auto raste vorbei
Dicht ganz dicht an uns vorbei
Edgar
Er hat sich erschrocken
Und wollte über die Straße nach Hause nach Hause

Zu mir Er wollte zu mir
Ja Sicher
Siehst du Meine Schuld Meine große Schuld
Hör auf
Meine Schuld
Hör auf damit
Deine Hände Edgars Tod Meine Schuld
Sei endlich still

Rabe schlägt zu
Es geht so schnell dass er selber erschrickt
Er schlägt zu und schlägt noch einmal zu
Susanne überrascht fasst sich wütend lässt sie sich etwa das Wort verbieten wütend
Meine Schuld Dass Edgar tot ist Dass Rosmarie tot ist
Rabe schlägt zu
Es ist jetzt fast eine Erleichterung
Hat sie ihm nicht indem sie hemmungslos weiter redet und einfach nicht aufhört und keine Rücksicht auf ihn nimmt die Erlaubnis gegeben
Er schlägt zu
Dass Ludwig weg ist Meine Schuld Dass er verschwunden ist Meine Schuld
Fordert sie ihn nicht heraus seit sie bei ihm eingezogen ist Muss sie diese gottverdammten Wörter gebrauchen wenn er das nicht will wenn er sie bittet das nicht zu tun Maul halten
Es geschieht mir recht Es geschieht mir recht Weißt du dass er mich betrogen hat Ich glaube das hat er
Susanne blutet und schreit
Meine Schuld
Rabe schlägt zu
Nichts Nichts Nichts ist ihre Schuld oder war es jemals Sie ist unschuldig und er liebt sie und wenn sie das endlich verstehen könnte würde es ihnen viel besser gehen Wenn sie einsehen

würde dass es nichts nützt sich zu martern mit diesen Gedanken über die Vergangenheit und wer warum was Er ist so müde Er schlägt zu nur aus Müdigkeit Weil sie diese Zukunft die vor ihnen liegt jeden Tag mehr kaputtredet Aber Susanne blutet Aber Susanne wehrt sich sie tritt nach Rabe auf dem Boden liegend trifft sie ihn mitten in den Magen die Weichteile den Bauch Sie hat keine Angst vor ihm überhaupt keine Angst Sie muss das bisschen Leben verteidigen das ihr geblieben ist und während sie das Eisen in ihrem Mund schmeckt ist ihre Liebe für Rabe so groß dass sie ihn töten könnte weil sie ihn so sehr liebt dass sie ihn sterben sehen könnte weil sie ihn so sehr liebt dann wäre Ruhe für ihn keine Furcht mehr keine Medikamente und sie würden sich freuen nur freuen können aneinander so wie es sein sollte die Freude war ihnen bestimmt nichts anderes und irgendwer verhindert das etwas trifft ihr rechtes Auge sie sinkt hintüber erwischt das Telefon das sie mit voller Wucht gegen Rabes Kopf schlägt als er sich über sie beugt sie weiß jetzt wer ihre Freude verhindert sie selber sind es sie selber hindern sich daran glücklich zu sein da ist es nur folgerichtig wenn sie sich kaputtschlagen das Zerstörerische in ihnen kaputtschlagen damit sie dann Friede haben miteinander das Aufbegehren der Zärtlichkeit für ihn ist so stark dass sie ihn umarmen möchte aber sie hat nicht mehr die Kraft dazu

Keine Ahnung Nebelbänke Gedächtnisuntiefe Is was passiert Bilderfetzen son Fetzen der bleibt ich weiß auch nich so was Unvollständiges so eingerissene Seiten so was Scharfkantiges was sich nicht rausziehen lässt aus deinem Kopf so was Furchtbares was man weghaben will
Erinnerung
Erinnerung
Bloß weg damit
Rabe sieht Susanne am Boden liegen
Er kauert sich neben sie

Wozu bin ich fähig

Sie atmet

Wozu werde ich fähig sein

Er hebt sie auf und legt sie aufs Bett
Sie atmet

Wozu werde ich fähig sein

Er will dass sie lebt
Er will dass sie sie finden
Er wird ein großes Feuer machen
Damit sie sie leichter finden können

Er wird das Feuer sein

Er wird das Feuer sein
Das für sie brennt

Er öffnet einen Kanister
Überschüttet sich mit Benzin

Er entzündet sein Feuerzeug

Er brennt

Das letzte Feuer Das erste Feuer

Epilog

Keiner von uns lebt mehr hier
Ich bin im Knast
Schon wieder
Kann passieren Alter
Ich bin tot
Ich auch
Ich hab endlich Arbeit gefunden, Koch
Na ja, is nur ne Imbissbude, aber is in Danzig
Ich bin immer noch verschwunden
Wenn man mich fragt, sag ich verwitwet
Zweimal verwitwet
Und die Wunden sind verheilt
Kommt nicht oft vor, dass einer fragt
Ich bin weggezogen, nach, stationär
Wir haben uns nie wiedergesehen
Die kommen nie an mein Grab
Keiner kommt mich am Grab besuchen
Und ich lieg da und warte und warte
Ich bin auch tot und krieg kein Besuch
Und ich warte nich so schick mit Marmorengel
Und pipapo, bei mir is oben drüber nur die Erika
Und dass die mal blüht, da hoff ich n Dreivierteljahr drauf
Keiner von uns lebt mehr hier
Das Malen hab ich aufgegeben
Stattdessen kleines Spezialgeschäft für erotische Prothesen
Und die Kunden berate ich persönlich
Ich bin weggezogen, nach, ambulant
Wir haben uns nie wiedergesehen
Dann lass uns langsam nach Hause zum Efeu und zun Würmern
Ja schieb die Platte wieder drüber über die Kiste
Aber komm öfter raus ausm Loch

Mensch zusammen an die frische Luft
Ich zeig dir mal die Sterne
Wie denn, wo von dir nur Asche übrig ist
Wir haben uns nie wiedergesehen
Ich bin im Knast und
Ich geh nicht zurück ich hau ab jetzt
Ich hau ab jetzt jetzt jetzt oder nie
Freigang dass ich nich lache
Ich mach es wie die Vögel im Herbst
Warte auf den richtigen Wind und
Schwing mich und
Fliege davon

Land ohne Worte

I

und wenn man mich fragt
wie wars

na
na
na
na wie wars

dann sage ich
nichts
und wenn sie drängen
erzähl doch
dann denke ich
worüber

wäre ich malerin
nur zum beispiel
wäre es einfacher
frage

könnte ich sagen

früher
viel zu lange
waren die körper wichtig
eine weile angemessen
dann ersetzbar
schließlich beliebig
körper manchmal nackt manchmal nicht
in wahnwitzig vergrößerter genauigkeit
mit ihren verletzungen narben nähten geröteten öffnungen
körper in der schattierung von verdorbenem lachs

dabei die substanz wie schweinefleisch schwarte fett knorpel
jede faser deutlich sichtbar
betonung auf der unausweichlichen verwesung
lange zeit in mode wird immer noch gern genommen
der mensch ins monströse gewendet zeigt seine armseligkeit
auf dass ihm trost gespendet werde

war eine meiner phasen
dann dachte ich
wo jeder arzt dem maler überlegen ist
an genauigkeit der anamnese und anatomie
kann ich allenfalls zerbrochenes malen abgefetztes
verstümmeltes
das tat ich als nächstes ist lange her
schnell weiter einfach weiter die fehler sind schon bezahlt die wunde der scham in meinem herzen klein rund unendlich sichtbar wie das mal einer auf der haut ausgedrückten zigarette
das muss genügen als erinnerung
(bricht ab)

und auf ein neues
eine rolle schaffen statt von sich selbst zu sprechen

im grunde bankrotterklärung
doppelte
sich verstecken mit worten
hinter farben
als wäre es einfacher
wäre ich malerin

frage
und auf ein neues nicht
aufgeben
und auf ein neues sich nicht

fragen
sich nicht fragen
lassen
(lacht)
weitermalen
(bricht ab)

oder dieses verlangen nach schönheit
das gibt doch keiner zu
was wirklich schön ist
der geruch eines freundes zum beispiel
mit seinem ganz spezifischen achselschweiß
und sofort stellt sich wieder die frage
wie das jetzt malen
oder 1 qm straßenpflaster
pfirsichkern halber abdruck eines schuhs
farbspritzer glasscherbe
benzinfleck zweig mit drei blättern
und jetzt
ohne rahmen an die wand gehängt
schon ist es kunst
mehr noch
das ist schönheit
nur mal bisschen den blickwinkel verändern

das waren meine gedanken
bevor ich nach k. gekommen war
hatte auch ein paar sachen versucht
ist aber nix richtiges geworden

es sind mir nur oberflächen gelungen
viele hübsche oberflächen

das dahinter

das darunter das konnte ich nicht
ich dachte ich würde es kennen
aber ich kannte es nicht

aber ich war fest entschlossen
es weiter zu

und danach da
(bricht ab)

wissen Sie dieser maler
R. den ich am meisten bewundere
von dem hat einer mal gesagt
he was making an environment
where your whole spirit becomes isolated
das ist es
und dann
you just have to deal with it
*he helped you deal with yourself**

zu provozieren bedeutet mir nichts
aber wo bleibt der schmerz

…

und das glück
(bricht ab)

wissen Sie dieser maler
R. den ich am meisten bewundere
von dem hat einer mal gesagt
he was making an environment
where your whole spirit becomes isolated

das ist es aber gar nicht
das ist als ziel total falsch
das gegenteil ist richtig versucht werden muss
where your whole spirit connects to everything
wenn das nicht schon wieder so kunstpopulistisch klingen würde
und wie
jemals
also doch
resignation

…

frage

und das glück

II

alle gegenstände alles was bedeutung hervorruft muss aufgegeben werden alle formen müssen aufgegeben werden davon war ich ueberzeugt
weil jedes ding kriegt gleich so eine wahnsinnige bedeutung wenn du eine weile nur haselnusssträucher malst dann heißt es aha rückkehr der natur als ob der gegenstand wirklich wichtig wäre ist er natürlich schon aber nicht an sich cézanne brauchte seine äpfel und birnen ja nicht weil er obstmaler war sondern weil er die räumlichkeit von einem tisch mit zeug drauf erforschen wollte durch farbe und dann war es halt draußen das licht wie es die umgebung verändert jahrzehntelang derselbe berg und eben derselbe und nicht der gleiche haha
jetzt zum angenehmen der umweg eine hassfrage die lautet warum gibt es so wenig tolle malerinnen kann ich nicht erklä-

ren hat mich ehrlich auch nie interessiert auf alle fälle scheint es so wenig tolle malerinnen zu geben dass man extra kataloge für sie machen muss die heißen dann women in art und kriegen eine eigene ausstellung darin gibt es immer mindestens 1x georgia o'keeffe und zwar unter garantie eine petunienblüte und nicht den gebleichten tierschädel in der wüste
warum
es geht um das wohlfühlen
hier petunie da totenschädel mit hörnern dran
was fühlen die leute beim betrachten der petunie das angenehmer ist als das was sie beim anblick des totenschädels spüren ist mir ein rätsel
für mich ist die petunie tausendmal unangenehmer als der tierschädel warum die petunie ist zu schön zu perfekt und das heißt das ganze bild lügt dich an es lügt dich so sehr an dass ich schreiend weglaufen könnte das ganze bild lächelt dir so falsch ins gesicht sieh wie weich und leicht das leben ist die petunie ist so ein supermodelbild vom leben und dann auch noch erotisch aufgeladen ich könnte kotzen aber die leute mögen das
gegenentwurf
das prinzip ist folgendes einen tierkadaver mit ameisen in eine glasvitrine legen zum beispiel
auf genügend sauerstoffzufuhr achten zusehen wie die ameisen ihr werk verrichten gründlich schon gut das ist bekannt in klammer damien hirst
was mich interessiert ist
daraus ein farbbild machen
fläche fläche fläche nichts konkretes
alles erkennbare verschwindet
hirschkadaver rot ameisen gelb die knochen grau
das ganze nenne ich dann nr. 19 und der galerist kann hinzufügen rot gelb grau
dass das hunderttausend ameisen sind die gerade einen toten hirsch abnagen

das errät später kein mensch mehr
aber wer davorsteht wird das gleiche gefühl empfinden beim betrachten dieses bildes wie beim betrachten des realen vorgangs
das ist es worauf es ankommt
so so so malen zu können
das ist es was ich erreichen will
das ist das ziel
die unruhe das kitzeln die wellen von stichen und bissen die säure das löchrig werdende fleisch übelkeit gestank betäubung haut torf kleine eier
am ende saubere knochen
ein lebendige bestattung veranschaulichter lebenskreislauf
irgendwann sprießt in einer ecke gras
erleichterung reinheit auferstehung erlösung
und das alles in einem großen bild
rot gelb grau
das ist kunst

wie ueberheblich das war
oder nur unerreichbar

und der schmerz
und wenn es das letzte gemälde wäre
das ich malte
und wenn es das letzte wäre
was ich zu sagen hätte

zu provozieren bedeutet mir nichts
der schmerz
der schmerz muss da sein
immer präsent
und das glück

III

ja also das war alles bevor ich nach k. kam
ich meine ich war darauf vorbereitet
aber dann doch nicht
und danach
also da
da wusste ich nicht mehr
ich wusste nicht mehr wie
das gehen soll alles mit
der malerei
(bricht ab)

was kann man malen
was nicht wie
alles wieder offen
alles wieder verschlossen

ich kann die bilder nicht vergessen
bilder verstehen Sie
keine farben keine flächen nichts abstraktes
konkrete
szenen
concrete scenes

and then
you are stuck

diese wahnsinnige tonnenschwere erschöpfung den körper niederwerfend kaum dass er sich morgens auf den bettrand gesetzt hat

you are stuck
once you 've been there

und wann kommst du raus
fragt man dich
nicht
wann fährst du zurück
dahin woher
du gekommen bist nein
wann kommst du raus

ich weiß nicht sollte es sein dass ich nie rausgekommen bin

in einer nacht in k. geträumt dass ich mir den daumen den zeigefinger und den mittelfinger der rechten hand abgehackt habe nacheinander mit einem kleinen scharfen beilchen es passierte einfach so die finger wurden sauber vernäht ein hautlappen jeweils wie eine kappe über die stumpen gelegt es tat nicht weh aber es war ein sehr seltsames gefühl nur noch zwei finger übrig zu haben oder drei die drei wichtigsten die drei greiffinger nicht mehr zu haben
das ist fast als ob die ganze hand fehlt
heißt das ich kann nicht mehr malen heißt das ich kann nicht mehr malen
(bricht ab)

aufwachen aufwachen
aufwachen

die welt dreht sich so schnell das heißt die erde dreht sich so schnell und die welt dreht sich mit
sagte der mann der aus dem krieg kam und jetzt im rollstuhl sitzt

wenn man mich fragt
ob ich etwas verändern will
(bricht ab)

früher
wenn man mich gefragt hat
ob ich etwas verändern will
mit der malerei
hab ich gesagt ja
denke schon
und wenn es nur einer ist
ein einziger betrachter bei dem irgendwann

zum beispiel
hab ich gesagt
für das bild
geht es einfach nur darum
da zu sein
da zu sein auf eine selbstverständliche art
die nichts infrage stellt
die alles gelten lässt oder alles was du bist
wenn du es ansiehst stellt es dich nicht in frage
es lässt dich eintreten es gibt dir raum

der krieg findet ja nicht im bild statt
die erfahrung die du machst
darauf kommts an
da gibts nichts zu verstehen

man muss etwas wagen
manchmal macht man sich lächerlich dabei
aber dann wiederum
wagt man nur etwas
wenn man es wagt sich lächerlich zu machen

you 've seen the surface
pretty much the surface
but you feel what's beneath

you know it
don't you

und auch das zu sagen ist nichts als lächerlich
aus der lächerlichkeitsfalle gibt es kein
heraus es gibt nur

und auf ein neues

IV

sagt der clubbesitzer zu mir so Sie sind also nach k. gekommen um etwas über diese stadt zu malen haben Sie denn auch schon eine vorstellung was das sein könnte kann ich ein exemplar in meinem club hängen hielt ich einen moment die luft an und sage zu ihm nja ich denke wahrscheinlich werd ich die kaninchen abpinseln die in eurer schicken gespensteroase hier durchs gras hoppeln oder ich mal den tollen swimmingpool am nachmittag mit den gintonicnippenden jungs davor und lass es aussehen wie den verdammten hockney nur dass den jungs ein arm oder ein bein oder ein kopf fehlt weil sie auf eine scheißmine getreten sind bevor sie schwimmen lernen konnten ist es das was Ihnen vorschwebt
er überlegte kurz und dann sagte er tatsächlich aber in unserem club gibt es keine minenopfer und ich lachte nicht laut los
könnte ich die berge malen vielleicht die gebirge die gebirgsmassive über die wir stundenlang fliegen an denen wir stundenlang vorüberfahren sprengfeuer ich wusste nicht wie sich das vorstellen jetzt höre ich es nahe vermintes gebiet rechts und links von der straße steine rot steine weiß vermintes gebiet geräumtes gebiet lehmgebäude mit weißen zeichen abgehakt die herdenbesitzer treiben ihr vieh hinein hinein und vorbei wenn die sonne aufgeht formen die männer ihre hände zu

flachen schalen schöpfen das licht damit und waschen sich das gesicht zweimal dreimal sie lassen das wasser über ihr gesicht laufen heiliges licht die männer sind bewaffnet

in einer weiteren nacht in k. träume ich von einem mann blond kurze lockige haare nackter oberkörper der mit einem tiger zusammenlebt auf einem großen kahlen areal betonplatz wie der flughafen in k. in weiter entfernung verläuft ein zaun um das gelände (der mann sieht nicht aus wie ein krieger nicht wie ein soldat und der tiger ist ein tiger) es ist heiß am himmel hängen wolken die schatten fallen auf den beton zähmt er ihn zähmt er ihn ich beobachte beide habe aber keine gefühle dabei

die soldaten die patrouillen der staub die fettschwanzschafe und tag und nacht der gestank nach scheiße überall wo du auch hingehst der verlässt dich nie das gefühl immer dreckig zu sein und nie genug luft zu kriegen anfangs aufgewacht nachts und mir das tshirt aufgerissen angst zu ersticken die trockenheit du trocknest langsam aus von innen

vier kinder sitzen auf der abschüssigen straße daneben der vater alle in der hocke versuchen mit bloßen händen das spärliche wasser aufzufangen das hangabwärts läuft als wären sie auf einen frischen bergquell gestoßen weiter oben uriniert eine ziege in das rinnsal im bazar feilschen zwei frauen um ein stück teppich synthetik mit eingeprägtem muster ein junge bietet mandelkrokant an auf einem tablett zur pyramide geschichtet eine messerklinge das geräusch der aufplatzenden melone lässt alle herumfahren

aufwachen aufwachen
aufwachen

es riecht nach desinfektionsmittel nach sonnenbrand nach blut nach diesel ein schwarm von elektrogeneratoren ge-

brumm metallener hornissen hinter sandsackbarrikaden der ventilator zerquirlt die hitze jede paar minuten schlägt die barackentür hinter einem stiefel und die ärztin in ihrer uniform beugt sich über mich *so you have come to k. to make some paintings don't breathe now*
langsam tropft die infusion in meinen arm
don't breathe
tage vergehen so wochen monde
ohne zu atmen
die hitze sickert in die körper
die erde die luft das wasser der geruch die sprache
you get sick from breathing this air
das war es also
das ist noch nicht mal der anfang

you've seen the surface
pretty much the surface
but you feel what's beneath
you know it
don't you

V

ein weiß schaffen
das die eigene angst reflektiert
ein weiß ohne ausgang
hell blendend unerträglich wie das senkrechte sonnenlicht am mittag
ein weiß bei dessen anblick man die augen schließen muss
und wenn man sie geschlossen hat wirkt
das licht unter
den lidern fort und verursacht
kopfweh und man meint die hitze

zu riechen die hitze bevor sie
lippen fleisch versengt bevor
haut verglüht
das licht kurz bevor es
explodiert

sie taucht eines nachmittags auf zuerst ein paar schritte hinter mir dann langsam aufholend ich sehe sie aus dem augenwinkel sie ist höchstens acht der größe nach ein mann geht neben ihr der mann streckt die hand aus deutet auf das mädchen er redet auf mich ein leise beharrlich ich sehe ihn an das mädchen gehe weiter erschrocken versuche meinen schrecken nicht merken zu lassen die beiden umkreisen mich teilen sich einer links eine rechts dann wieder beide auf einer seite manchmal bleiben sie ein stück zurück und immer wenn ich denke sie sind fort ist das hartnäckige sprechen des mannes an meinem ohr seine offene hand vor mir ich könnte stehenbleiben wir könnten uns verständigen mit zeichen augen händen aber scham treibt mich weiter das mädchen läuft jetzt dauerhaft an meiner seite sie wird nicht aufgeben sie lässt mich nie mehr los sie wird mich begleiten wohin auch immer ich zu flüchten versuche und wann kommst du raus niemals niemals niemals mehr sie zupft an meinem ärmel am ellbogen ein kleiner unerbittlich mich verfolgender vogel und führt dann ihre hand zum gesicht zum mund so dass ich ihr unwillkürlich jedes mal hinterher sehe der mann hat ihr das kopftuch zurückgeschlagen ihre arme sind entblößt ihr schädel ist kahl die haut am kopf an beiden armen ist verbrannt das gesicht ist verbrannt die haut ist dunkelrot fast braun ohne jeden haarflaum und voller kleiner falten als hätte man ihr die haut eines elefantenbabys übergezogen die wimpern abgesengt und in ihrem offenen mund kein einiger zahn sie sieht aus wie eine greisin sie spricht nicht sie sieht mich unverwandt an sie hat hellbraune augen und mit einem finger deutet sie wieder und

wieder und wieder in ihren aufgerissenen zahnlosen mund aus
dem sie eine aufgequollene zunge mir entgegenstreckt

where your whole spirit becomes isolated

schwarz und braun
wenn die mutlosigkeit zurückkommt wenn
die angst mich einholt
der wunsch unsichtbar zu werden
verloren zu gehen
in dem was ich tue

dass ich schweigen könnte
(bricht ab)

an einem anderen tag
zwanzig männer und eine frau
am ende sind alle männer fort
und ich bin allein mit ihr
während des kriegs war sie im exil
sie hat 17 romane geschrieben und
1 autobiographie
nichts davon wurde gedruckt
sie hat die manuskripte versteckt
sie ist 63 jahre alt
und spricht nur wenn sie aufgefordert wird

niemand will so ein leben
niemand will sich mit so einer identifizieren

so ein leben will
niemand mit so einer will man sich nicht
identifizieren keiner will das und ich auch nicht ich
habe mit der da überhaupt

nichts zu tun
stumm
ich bin das nicht
frage
frage
frage
zum schweigen verstümmelt
ich will das nicht sein
in keinem anderen leben

in einem
land ohne worte
(bricht ab)

ein weiß schaffen
quadrat fläche ebene
das zu den rändern hin unscharf ausläuft
sich nicht klar abgrenzen will
nicht abrupt enden
ein weiß
das am untersten rand aufgehalten wird von
einer dünnen gelben linie
und am oberen rand von einer etwas breiteren roten
und beide linien wären ganz und gar nicht grade gezogen
sondern verliefen ein wenig zittrig
freihändig hineingesetzt in die ausläufer weißer farbe
horizontal durch die mitte ein schwarzer strich
der nach oben und nach unten einen grauen schatten wirft

ich würde es nennen
mädchen mit zunge und haut und feuer
WITHOUT WORDS

you've seen the surface
pretty much the surface

but you feel what's beneath
you know it
don't you
and listen to them the giggling chatting breathing loud
die bemalten hände ornamente in rot auf den innenflächen
den oberseiten der finger
schwarzumrandete augen
before we land in paris they go to the toilet
they put off everything their veils and shawls they change their clothes
they put on high heels and earrings lipstick and make their nails
flüstert mein nachbar und streichelt meinen arm
der nackt ist jetzt
and when they come out
they are very very sexy
very very sexy
er schweigt
and you
you are stuck
once you've been there
you will always want to get back
and stay
you stay

VI

der maler den ich am meisten bewundere
das ändert sich natürlich immer mal
aber der maler den ich am meisten bewundere
jetzt für immer
der hat sich
(bricht ab)

er war am ende sehr depressiv und
wurde behandelt aber
ich glaube nicht dass das der grund war

seine bilder wurden düsterer sagt man
ich finde das stimmt nicht
er benutzte dunkle farben
braun auf braun
schwarz auf braun
das alles gehängt auf engstem raum
bei praktisch keinem tageslicht
und trotzdem
die bilder leuchten
die farben leuchten
sie glühen von innen
ein schwarz das von innen glüht
das muss man sich mal vorstellen
so als würde im finstersten wald plötzlich ein licht erscheinen

(Langes Schweigen)

jadasiskitschigichweiß

er hat sich
er hat sich eines nachts
die pulsadern aufgeschnitten
und ist verblutet
ich glaube

ich glaube er hatte
er hatte keine bilder mehr
verstehen Sie

once you've been there

you are stuck
and you'll always want to get back

und der schmerz
und das glück

VII

jetzt bin ich draußen und
sitze vor meinen wänden
stehe auf und schalte die musik aus damit
endlich ruhe herrscht und ich
die stille hören kann
den wind in der wüste
das heulen der hunde nachts in den straßen
jetzt bin ich zurück und
schaue auf das fensterkreuz stundenlang
mache kein licht und
wenn es dunkel wird
gehe ich zu bett irgendwann
mit offenen augen
und warte dass die hitze sich auf mich legt

(bricht ab)

und wenn man mich fragt wie wars

...
na na na na
you are stuck
and you'll always want to get back

das weiß finde ich nicht
alles was ich finde ist
dunkles rot braun schwarz
braunbraunschwarzrot
holz feuer asche
wüste schritt explosion
himmel blitz hölle

ich wollte das licht malen

lehmhäuser rutschen den abhang hinunter strassensperren militär brandruinen ziegen suchen futter im trockenen flussbett zwischen müll und fäkalien die verhüllte frau erbettelt einen geldschein wird von einem jungen am schleier gezerrt er krallt sich in ihre hand will ihr das geld wegnehmen sie schreit er schlägt zu sie fällt tritt nach ihm der schein zerreißt der junge läuft mit einer hälfte weg sie kauert auf der erde unter den himmelblauen plisseefalten ihres schleiers die einen fächer bilden um sie herum eine gefächerte haube ein mensch unter einem tuch einer decke oder doch eher eine katze über die man den sack schon gestülpt hat arglistig sie ahnt alles und hält schreckstill ein atemzug noch bevor man den sack zubindet und sie zum ertränken in den fluss schleudert

ich bewundere
was er gemalt hat
wie er es geschafft hat sich zu befreien
von allem
bilder szenen
ballast
einer sagte über ihn
he was making an environment
where your whole spirit becomes isolated
das ist es

und dann
you just have to deal with it

you have to deal with yourself

zu provozieren bedeutet mir nichts
aber wo bleibt der schmerz

…

und das glück

---

* cf. Brice Marden, Interview by Mark Rosenthal, 19. September 1997, in: Jeffrey Weiss (ed.): Mark Rothko, Yale University Press, New Haven&London 1998.

Dea Loher
geboren 1964 in Traunstein. Studium der Germanistik und Philosophie in München. Lebt in Berlin.

Theaterstücke:
Olgas Raum, Uraufführung: Ernst-Deutsch-Theater, Hamburg 1992; *Tätowierung*, U: Ensemble am Südstern, Berlin 1992; *Leviathan*, U: Staatstheater Hannover 1993; *Fremdes Haus*, U: Staatstheater Hannover 1995; *Blaubart – Hoffnung der Frauen*, U: Bayerisches Staatsschauspiel, München 1997; *Adam Geist*, U: Staatstheater Hannover 1998; *Manhattan Medea*, U: steirischer herbst/Mecklenburgisches Staatstheater Schwerin 1999; *Klaras Verhältnisse*, U: Burgtheater Wien 2000; *Der dritte Sektor*, U: Thalia Theater Hamburg 2001; *Magazin des Glücks*, U: Thalia Theater Hamburg 2001/2002; *Unschuld*, U: Thalia Theater Hamburg 2003; *Das Leben auf der Praça Roosevelt*, U: Thalia Theater Hamburg 2004; *Land ohne Worte*, U: Münchner Kammerspiele 2007; *Das letzte Feuer*, U: Thalia Theater Hamburg 2008; *Diebe*, U: Deutsches Theater Berlin 2010; *Am Schwarzen See*, U: Deutsches Theater Berlin 2012; *Gaunerstück*, U: Deutsches Theater Berlin 2015.

Prosa:
Hundskopf, Wallstein Verlag, Göttingen 2005; *Bugatti taucht auf*, Wallstein Verlag, Göttingen 2012

Preise und Auszeichnungen u.a.:
Bertolt Brecht-Preis 2006; Mülheimer Dramatikerpreis 2008 für Das letzte Feuer; Berliner Literaturpreis 2009; Marieluise Fleißer-Preis 2009; Preis des Deutschen Zentrums des Internationalen Theaterinstituts (ITI) 2011; Aufnahme in die Deutsche Akademie für Sprache und Dichtung 2013; Ludwig-Mülheims-Preis 2013; Stadtschreiberin von Bergen-Enkheim 2014/15; Joseph-Breitbach-Preis 2017.